Schöne Kränze und Girlanden

selber machen

Deutsche Erstausgabe
Weltbild Verlag GmbH, Augsburg 1998

Bearbeitung der deutschen Ausgabe: Maasburg GmbH, München
Übersetzung: Giovanna Runggaldier, München
Floristische Beratung für die deutsche Ausgabe: Christine Großmann
Fotografie: Alberto Bertoldi, Mario Matteucci
Umschlaggestaltung: Erwin Wollenschläger, Augsburg
Druck und Bindung: New Interlitho Italia SPA, Mailand
Printed in Italy
ISBN 3-8289-2282-1

Maria Masera/Ornella Rilke

Schöne Kränze und Girlanden

selber machen

Deko- und Geschenkideen für jeden Anlaß

Bechtermünz Verlag

Inhaltsverzeichnis

Vorwort

Kränze und Girlanden – schon die Worte wecken Erinnerungen an eine festliche Atmosphäre und suggerieren die Vorstellung von fröhlichem Feiern in lieber Gesellschaft. Die Worte *bekränzen, blumenbekränzt* haben einen fast lyrischen Klang: Sie stellen das Bild liebevoller Zuwendung dar und lassen eine rhythmische Bewegung – wie einen Tanz – erkennen. Sie geben uns das Gefühl eines fröhlichen Beisammenseins, und dessen Glückwunschbedeutung läßt bereits im voraus Freude aufkommen.
Das Wort *Kranz* wurde schon im Althochdeutschen mit der gleichen Bedeutung wie das lateinische *corona* verwendet. Die Kreisform, die den Umfang definiert, kann als graphischer Ausdruck von einigenden Gefühlen wie Freundschaft und Liebe gesehen werden. Es wird der Eindruck von Kinderreigen suggeriert, einem Spiel, das die Kinder in einer kreisförmigen Bewegung eint, oder auf die tiefe Bedeutung des Eheringes angespielt, des Symbols für immerwährende Liebe und Treue.
Ring und Kreis (lat. *circulus*) stecken auch im Begriff „Zirkel", der in dem heute gebräuchlicheren Begriff „Club" ebenfalls Zusammenfinden und Vereinigung von Personen, die gemeinsame Interessen teilen, bedeutet. Darüber hinaus sind Kranz, Krone, Diadem oder sogar Aureole emblematisch für die Darstellung hoher Werte. Kränze sind zweifellos die ältesten Formen von Dekoration mit Blumen und Blättern, geschaffen im Zeichen der Ehrerbietung und Verehrung, um zu krönen und zu verschönern, ein Ereignis festlich zu begehen und Feste zu schmücken. Der Lorbeerkranz war ein Sinnbild des Ruhms für Sieger und Dichter, ein Ausdruck der Freude bei Hochzeitsfeiern und um den nahenden Frühling zu begrüßen, um ein Essen festlich zu gestalten und der Kleidung wie Frisur eine elegante Note zu verleihen.
In Griechenland tauschten die Verliebten gegenseitig Kränze aus Rosen aus, und bei der Geburt eines Sohnes wurde an der Tür ein Kränzchen aus Ölzweigen aufgehängt. Viele alte Bräuche waren weit mehr an die Symbolik der Blumen gebunden als an ihre einfache dekorative Funktion. Einige dieser Bräuche haben sich bis in unsere Zeit hinein erhalten, auch wenn sie heutzutage in den nordischen stärker als in den romanischen Ländern gepflegt werden. Doch inzwischen haben bestimmte Traditionen längst ihre alte Bedeutung verloren. Auch wenn heutzutage oft an der Tür ein Weihnachtskranz aus Tannen- oder Stecheichenzweigen aufgehängt wird, so glaubt man trotzdem nicht mehr daran, daß dieser Kranz die Hexen vertreibt.
Kränze und Girlanden haben zwei gemeinsame Merkmale: Sie sind ein Gruß an willkommene Gäste, wie ihn zum Beispiel ein an der Eingangstür angebrachter Blumenkranz ausdrücken will, und sie schmücken das Haus von innen und außen, wie zum Beispiel die Blumengirlande um Fenster und Türen oder auf festlich gedeckten Tischen. Und noch etwas haben beide gemeinsam, das sie von jeder anderen Art florealer Dekoration unterscheidet: das Fehlen eines Behälters sowie die Anpassungsfähigkeit an jedes Maß und jede Fläche. Nichts hindert uns allerdings auch daran, sie einer beliebigen anderen Verwendung zuzuführen, zum Beispiel Bilderrahmen zu umkränzen, Kerzenständer zu schmücken oder Geländer zu verzieren. Kleine Blütengirlanden eignen sich bestens dazu, die Mitte einer länglichen Tafel zu zieren, ohne viel Platz wegzunehmen. Farbenfrohe Kränzchen können Teller, Gläser und Servietten zieren.
In diesem Buch werden nicht nur die traditionellen Kompositionsformen, wie zum Beispiel die Ringform oder die klassische, an beiden Enden aufgehängte Girlande, vorgestellt. Unter den auf den folgenden Seiten beschriebenen

Beispielen werden auch lineare Paneele oder Paneele mit zwei oder drei im rechten Winkel vereinten Seiten vorgestellt. Sie eignen sich bestens, um große, geradlinige Flächen wie Türen oder Fenster zu schmücken, um an Trennwände gehängt zu werden oder auch als moderne Dekorationsform für ein Büfett. Trotz ihrer vielfältigen Verwendbarkeit und ihrer problemlosen Herstellung sind Kränze und Girlanden anscheinend noch immer Blumengebinde, deren Anfertigung in aller Regel den Floristen vorbehalten bleibt. Für gewöhnlich werden sie für die Feste der Weihnachtszeit angefertigt. Dieses Buch will Ihnen Anregungen und praktische Anleitungen zum Selbermachen von Kränzen und Girlanden aus frischen Blumen oder getrockneten Materialien geben. Ein Leitfaden hat uns hier die Auswahl des benötigten Materials erleichtert: Im Jahresverlauf und für jede Saison getrennt haben wir freiwachsende oder gezüchtete Blumen, Zweige, Blätter, Gräser und Früchte bevorzugt, die uns für die jeweilige Jahreszeit typisch erscheinen. Ihre zauberhafte Schönheit, meist auch noch gepaart mit verführerischem Duft, erschien uns am besten geeignet, um die festliche und glückverheißende Note in unseren Kompositionen zum Ausdruck zu bringen und Ihnen zu gefallen.

Grundtechniken

Grundkränze und Unterlagen

Das gute Gelingen von Kränzen und Girlanden hängt nicht nur vom verfügbaren Material ab, sondern auch von der Struktur, die ihre Grundlage bildet und das Gewicht der Komposition tragen muß.
Im Handel finden Sie zahlreiche bereits vorgefertigte Stützen für Kränze, zum Beispiel in Form von steifen Ringen, auf die sich dann die Blumen fixieren lassen. Am einfachsten in der Handhabung sind Ringe aus Steckschaum auf einer Plastikunterlage; sie werden einige Stunden lang in kaltem Wasser eingeweicht und sind dann fertig, um mit Schnittblumen dekoriert zu werden. Durch die Unterlage aus steifem Plastik lassen sie sich leicht transportieren und irgendwo ablegen, ohne daß dabei das Wasser heraustropft. Sollen die Kränze aufgehängt werden, genügt es, ein Blumenband herumzuschlingen. Es gibt auch Steckschaum für Trockenblumen, der nicht eingeweicht wird. Ein anderer Grundkranz ist ein geflochtener oder gebundener Strohring, der verschiedene Gestaltungsmöglichkeiten zuläßt. Man kann Teile davon sichtbar lassen und dekoriert ihn nur stellenweise, oder man läßt den Ring ganz frei und befestigt darauf nur eine einzige Komposition in einem Büschel oder im Halbkreis. Sehr hübsch sieht es auch aus, den Kranz ganz mit einem Band zu umwickeln, und ihn dann mit einer oder mehreren Dekorationen zu schmücken. Andere bereits vorgefertige Kränze bestehen aus verflochtenen Weidenruten oder Peddigrohr (in der Naturfarbe oder gefärbt) und dienen als Unterlage, die entweder ganz oder teilweise verdeckt werden kann.
Viele Arten von Grundkränzen kann man selbst anfertigen. Wir haben verschiedene Techniken ausprobiert, die alle leicht auszuführen sind. Es handelt sich dabei entweder um starre Strukturen für Kränze und Paneele oder um biegsame Unterlagen als unerläßliche Voraussetzung für die Anfertigung und Modellierung fast aller Girlanden, die sich mit ihren Bögen an den für sie bestimmten Platz anpassen müssen. Die Basis, die am leichtesten herzustellen ist, besteht aus einem Wickeldraht, der dick genug ist, damit sie die gewählte Form behält und das Gewicht der Blumendekoration tragen kann, ohne sich dabei zu verformen. Sie kann sowohl zu einem Ring geschlossen werden als auch oval, herz- oder sternförmig oder wie eine Spirale gedreht sein. Der Draht wird dann mit grünem Klebeband umwickelt und kann anschließend mit einer Schicht Moos oder kleinen Zweigen von Immergrün oder Nadelhölzern und zuletzt mit Blumen und Bändern dekoriert werden. Ein weiterer leicht auszuführender Grundkranz besteht aus Hasengitter, auf das viele Stücke bereits mit Wasser vollgesaugten Steckschwamms aufgelegt und dann ganz damit umwickelt werden. Mit
dünnem Wickeldraht nähen Sie dann die beiden übereinandergelegten Gitterränder zusammen und erhalten so eine Rohstruktur, die jede von Ihnen gewünschte Form annehmen kann. Näht man die beiden Enden zusammen, entsteht ein Ring; formt man sie zu einem Bogen, ergibt sich eine Girlande. In beiden Fällen brauchen Sie jedoch einen etwas dickeren Draht, um die beiden Enden zusammenzufügen oder um eine solide Halterung für das Aufhängen zu schaffen. Wenn Sie den Kranz nur an einer Stelle dekorieren möchten, können Sie den Steckschwamm auch durch Sphagnum oder Moos ersetzen und dann so wie oben beschrieben verfahren. Über die gesamte Oberfläche des Ringes wird dann noch eine weitere Moosschicht verteilt, um den Maschendraht zu verdecken, oder Sie umwickeln ihn mit einem Blumenband. An der Stelle, wo die Blumen hingesteckt werden sollen, genügt es, ein Päckchen Steckschaum im Netz fest mit Wickeldraht oder starkem Klebeband zu fixieren. Wunderschöne Girlanden können Sie auch aus abgeschnittenen Reblingen oder Trieben von Glyzinien, Waldrebe (Klematis), Trauerweide, Hartriegel (Cornus), Kiwi und Jungfernrebe herstellen. Sie dürfen jedoch nur frische und biegsame Zweige benutzen, weil sie steif werden, sobald sie trocken sind. Am besten schließen Sie ein erstes Zweigbündel zu einem Ring zusammen; die Enden werden mit einem Wickeldraht aneinandergebunden. Dieser Kreis wird dann mit anderen Zweigen umwickelt, wobei die Enden im Geflecht oder mit einem Wickeldraht fixiert werden. Fahren Sie damit fort, bis Sie den gewünschten Durchmesser erreicht haben, und schließen Sie zuletzt das Ganze mit einer Lage aus kleinen Zweigen ab, die den ganzen Kranz umwickeln. Wenn dieser Grundkranz gut gelingt, ist der Kreis allein schon so dekorativ, daß auch ein einziger in diese Grundlage eingearbeiteter Blütenzweig ein wunderschönes Schmuckelement ergibt.

Spezielle Grundgerüste

Für die Herstellung von Girlanden kann man eine noch flexiblere Struktur erhalten, wenn man zum Umwickeln des Steckschaums ein leichtes Schlauchnetz verwendet, wie es die Metzger für Rollbraten benutzen. Leichter zu finden, wenn auch weniger robust, ist Schlauchmull, der zum Fixieren von Verbänden verwendet wird und für ganz leichte Girlanden gut geeignet ist.

Für große, schwere Dekorationen müssen Sie eine geeignete Unterlage vorbereiten. Sie sollte aus einer Grundplatte aus Styropor oder Holz bestehen, auf die man den Steckschaum legt, mit Hasengitter umwickelt und mit Hilfe eines Klammerapparats an die Basis anheftet. Damit kann man auch große und sperrige Dekorationen ohne Mühe transportieren, ohne daß das Blumengewicht Probleme verursacht.

Für eine mit Zapfen und Früchten dekorierte Girlande aus Nadelbaum- oder anderen Zweigen, die gut ohne Wasser auskommen, benutzen Sie am besten eine Kordel. Nachdem Sie die benötigte Länge abgemessen haben, bringen Sie an den beiden Enden einen starken Wickeldraht an, um sie später aufhängen zu können, und gehen dann zur weiteren Gestaltung über. Die kleinen Zweige werden mit einem leichten Draht an der Kordel befestigt und zu kleinen Gruppen geordnet, indem man den Wickeldraht spiralförmig in einer durchgehenden Bindung um sie herumwickelt.

Geräte

Wenn man einer handwerklichen Tätigkeit nachgeht, empfiehlt es sich, Geräte zu benützen, die die Durchführung der Arbeit ermöglichen oder erleichtern: Einige davon sind unerläßlich, andere nicht unbedingt nötig; aber insgesamt ist es wichtig, eine kleine Ausstattung an Geräten zur Hand zu haben. Wir haben sie nach ihrem Verwendungszweck in Gruppen zusammengefaßt.

Schneidegeräte
– Gartenschere für Blumen, Gräser, Zweige.
– Allzweckschere, scharf geschliffen, für Bänder oder Stoffe oder auch, um Blätter zu formen.
– Messer für Steckschaum und Früchte.
– Metallschneider für Eisendrähte oder Hasengitter.

Bindematerial
– Dünner Wickeldraht auf Spulen ist vielseitig verwendbar, zum Beispiel um Blumen zusammenzubinden oder auf einer Unterlage festzustecken, um die Schleifen eines Bandes zu formen und die Enden einer Struktur zusammenzufügen.
– Leichtes Klebeband, um zarte Stiele zu umwickeln.
– Starkes Klebeband, um große Strukturen zu befestigen.

Stütz- und Befestigungsmaterial
– Großmaschiges Drahtnetz, um den größten Teil der Grundstrukturen herzustellen.
– Starker Wickeldraht in verschiedenen Längen und Durchmessern, um die Kränze und Girlanden aufzuhängen, um verschiedene leichte Grundstrukturen zu formen und kleine U-förmig gebogene Teile herzustellen, damit das Moos auf dem Steckschwamm befestigt werden kann.
– Stäbchen aus Holz, Bambus oder Plastik, um fehlende Stiele zu ersetzen und Früchte zu befestigen.
– Steckschaum, der in Hasengitter eingebaut werden kann, für Strukturen die aufgehängt werden oder, nur mit Aluminium oder Folie umwickelt, für leichte Dekorationen, die auf eine Oberfläche aufgelegt werden.
– Kordel als Basis für leichte Girlanden.

Material zum Frischhalten
– Steckschaum für frische Blumen (grün), gut mit Wasser durchtränkt.
– Verbandwatte, mit Wasser durchtränkt, für Blumensträußchen. Plastikröhrchen, mit Wasser gefüllt und einem durchlöcherten Gummistöpsel, in die eine Blume gesteckt wird.
– Zerstäuber, um bereits fertigen Kompositionen einen Hauch von Feuchtigkeit zu geben.

Material zum Kaschieren
– Natürliches oder künstliches Moos, um Drahtgeflecht abzudecken.
– Grünes Guttacoll, um falsche oder auch echte Stiele zu kaschieren, wenn sie mit Watte umwickelt oder in Röhrchen gesteckt sind.

Dekorationsmaterial
– Bänder in verschiedenen Farben und Breiten für große und kleine Schleifen oder um damit die Unterlage zu umwickeln.
– Stoffe, die dieselbe Funktion haben wie die Bänder, für Schleifen oder Drapierungen.

Frischhaltung

Bevor es benutzt wird, muß das gesamte frische Material haltbar gemacht, das heißt in die ideale Form gebracht werden, um so lange wie möglich seine Frische zu bewahren. Sicher ist das ein Problem, das für alle Blumenkompositionen gilt, ganz gleich, ob sie in einer Vase untergebracht sind oder nicht. Wenn man jedoch bereits von Anfang an weiß, daß nach der Anfertigung eines Gestecks die Blumen und Blätter mit wenig Wasser auskommen müssen, kann dies für die Haltbarmachung und ein gutes Ergebnis ausschlaggebend sein. Viel hängt natürlich auch von der Widerstandsfähigkeit jedes einzelnen pflanzlichen Elements ab, aber seine Lebensdauer verlängert sich beträchtlich, wenn es sich vor der Verwendung richtig mit Wasser vollsaugen konnte. Das einfachste, aber auch notwendigste Verfahren für die Frischhaltung von Blumen, ganz gleich ob sie gepflückt oder im Blumenhandel gekauft wurden, besteht darin, das Ende der Stiele anzuschneiden, während sich die Blumen noch im Wasser befinden. Dieser Unterwasser-Anschnitt ermöglicht es, die Luftpölsterchen, die sich beim Schneiden im Innern der Stiele bilden, zu vermeiden, und garantiert anschließend die nötige Wasseraufnahme. Bevor man den Anschnitt macht, der möglichst schräg sein soll, um die Aufnahmeoberfläche zu vergrößern, muß die Stelle, die anschließend mit dem Wasser in Berührung kommt, gesäubert werden. Dornen, unnötige Blätter und kleine seitliche Triebe und Verzweigungen sind dabei ebenso zu entfernen wie die eventuell beschädigten oder abgestorbenen Teile der Pflanze. Vor der Verarbeitung sollten die Blumen mehrere Stunden, oder noch besser über Nacht, bis zu drei Viertel ihrer Länge mit kaltem Wasser bedeckt und an einem kühlen Ort, vor direktem Sonnenlicht und Luftzug geschützt, aufbewahrt werden. Falls nur wenig Zeit bis zur Verwendung der Blumen zur Verfügung steht, ist es ratsam, sie in lauwarmes Wasser zu stellen.

Besondere Methoden der Haltbarmachung

Bei Blumen mit dünnen und zarten Stielen empfiehlt es sich, sie mit Papier zu umwickeln, bevor man sie ins Wasser eintaucht. Diese Vorsichtsmaßnahme ist auch nützlich, um einige ständig gebogene Stiele, wie z. B. der Tulpen, wieder aufzurichten.

Zweige oder Blumen mit hölzernen Stengeln hingegen nehmen das Wasser sehr viel besser auf, wenn zum schrägen Anschnitt noch ein Längsschnitt durch das Endstück gemacht wird.

Blumen mit einem dicken und hohlen Stiel (wie Amaryllis, Rittersporn, Lupine, Calla und Lotus) sollten mittels einer Spritze mit Wasser gefüllt werden. Es wird in die Hohlräume der Stengel eingespritzt, die dann mit einem kleinen Wattebausch verschlossen werden und so lange im Wasser bleiben, bis sie benötigt werden.

Blumen, aus deren Anschnitt Milch austritt, wie die Wolfsmilch *(Euphorbia)*, die Mohnblume und Magnolie, müssen an der Schnittstelle mit Hitze behandelt werden, wodurch die milchige Flüssigkeit an der Schnittoberfläche gerinnt. Dafür eignen sich zwei Methoden: Entweder Sie tauchen die Stiele kurz in kochendes Wasser, oder Sie halten sie über eine Kerzenflamme. Nach wenigen Sekunden werden sie dann in kaltes Wasser getaucht.

Bei allen Zwiebelgewächsen ist der Stiel in dem Stück, das sich unter der Erde befindet, weiß. Dieser weiße Teil muß abgeschnitten werden, um die Wasserzufuhr zu erleichtern. Tulpen scheint ein anderes Verfahren zusätzlich gut zu bekommen: Dazu sticht man mit einer Nadel winzige Löcher in den unteren Teil des Blütenkelchs und in Abständen den Stiel entlang, bevor die Pflanze ins Wasserbad kommt.

Einige Blumen wie Hortensien und Veilchen halten sich besser und können leichter wiederaufleben, wenn ihre Blüten feucht gehalten werden. Es ist daher sinnvoll, sie vor dem Gebrauch öfter mit Wasser zu bespritzen oder sie sogar mit dem Kopf nach unten in kaltes Wasser zu tauchen.

Der Stiel der Gerbera, der sich leicht biegt, sollte nach dem Zurückschneiden zehn Minuten lang in zwei Finger hoch denaturierten Alkohol gesteckt und danach bis zum Blütenkelch in kaltes Wasser getaucht werden.

Die Blätter mit breiter und leichter Oberfläche wie die einiger Efeusorten und alle Arten der Funkie *(Hosta)*, müssen eine Nacht lang im Wasser liegen.

Farne ringeln sich weniger ein, wenn man dem Einweichwasser ein wenig Stärke zusetzt.

Einige Blütenzweige, wie die des falschen Jasmin *(Philadelphus)* oder der Weigelie, haben außer den Blüten auch zahlreiche Blätter. Wenn Sie diese Blätter entfernen, sieht man nicht nur die Blüten besser, sondern sie halten sich auch länger.

Vorbereitungs-arbeiten

Blumen, Blätter und Früchte haben normalerweise Stengel oder Stielchen, die es Ihnen ermöglichen, sie ohne große Schwierigkeiten in die in diesem Buch vorgestellten Kompositionen einzuarbeiten. Manchmal jedoch ist der vorhandene Stiel zu kurz oder zu dünn, oder er fehlt ganz. Dann muß jede einzelne Blüte oder Frucht für sich präpariert und auf eine passende Stütze – am besten auf ein Stäbchen oder Wickeldraht – aufgezogen werden. Um eine Wasserreserve zu bilden, empfehlen sich Floristenröhrchen oder mit Wasser getränkte Watte, die mit Klarsichtfolie umwickelt wird. Das Klebeband eignet sich zum Binden und Abdecken der Arbeitsspuren.

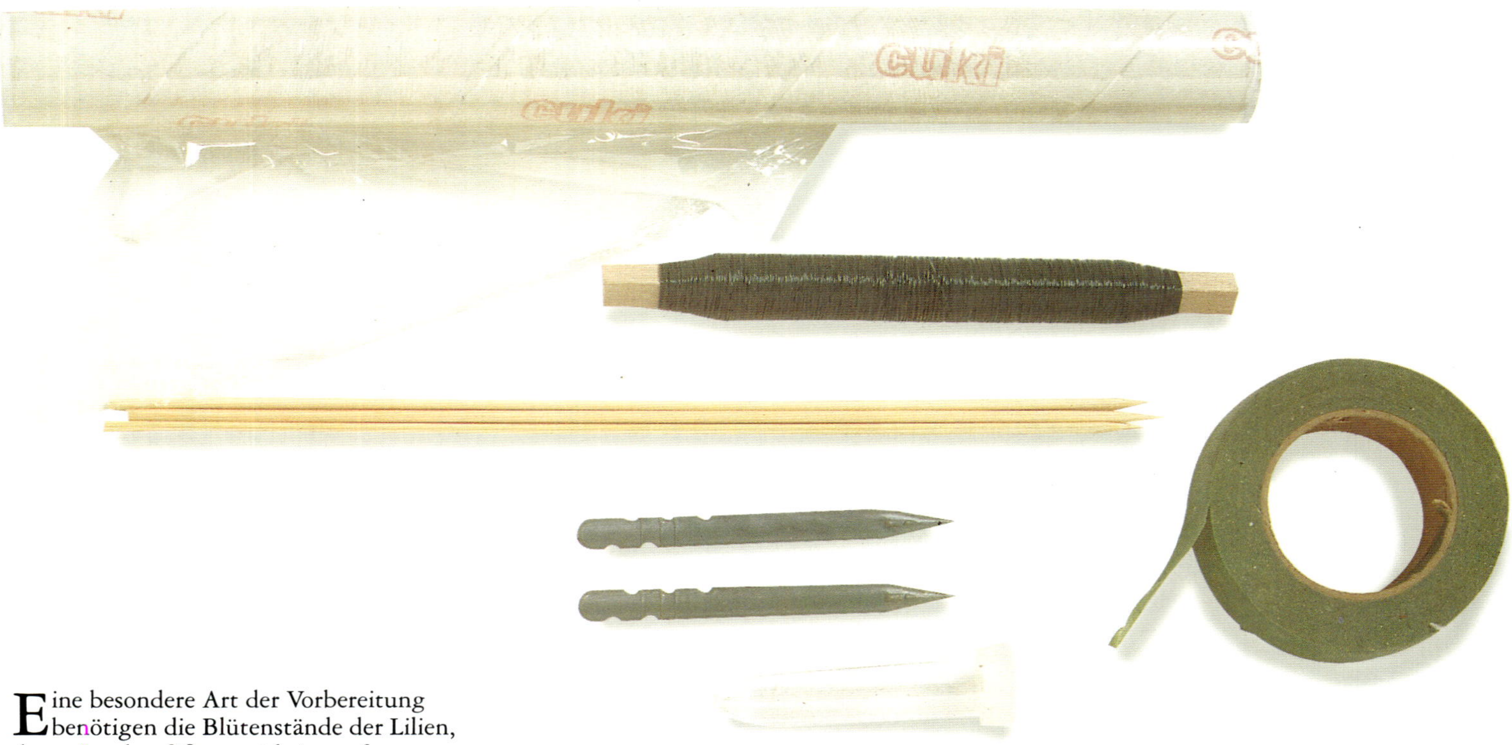

Eine besondere Art der Vorbereitung benötigen die Blütenstände der Lilien, deren Staubgefäße vorsichtig entfernt werden müssen. Andernfalls verfärbt der kräftig gefärbte Blütenstaub nicht nur die Blüten der Pflanze, sondern hinterläßt auch auf Händen und Kleidern häßliche Flecken, die sich nur schwer auswaschen lassen.

Bei Obstarten wie Äpfeln, Zitronen, Feigen oder Kiwi, die aufgrund ihrer Konsistenz leicht aufgespießt werden können, geht es vor allem darum, die für ihr Gewicht und in der Komposition vorgesehenen Positionen geeigneten Stützgerüste zu wählen: von Zahnstochern und Bambusspießchen bis hin zu den unterschiedlichsten Größen der Stäbchen aus Holz oder Kunststoff, die das Gewicht der Frucht tragen können. Sollte eine einzige Stütze nicht ausreichen, können zwei oder drei dieser Stützen der Komposition Stabilität verleihen.

Einige Früchte, wie z. B. Äpfel, können leicht mit einem kräftigen Blumendraht durchstochen und anschließend an der Unterlage festgesteckt werden; eine nützliche Vorsichtsmaßnahme, vor allem für Kompositionen wie Girlanden oder Kränze, die zum Aufhängen gedacht sind.

Zapfen dagegen lassen sich leicht mit einem dünnen Metalldraht umwickeln, dessen Ende dann einen Stiel bildet, der sich problemlos irgendwo einstecken oder einbinden läßt.

Blumen, die sich nicht in Steckschaum befestigen lassen, steckt man entweder in Plastikröhrchen, deren Gummistöpsel mit einem Loch versehen sind (in das jedoch nur eine einzige Blume mit dünnem Stiel hineingesteckt werden kann), oder man umwickelt die Stiele büschelweise zuerst mit einem wassergetränkten Wattebausch, dann mit Plastikfolie und schließlich mit Kautschukband (Guttacoll).

Blätter mit einem zu kurzen oder zu schwachen Stiel verstärkt man mit einem Wickeldraht, der an beiden Seiten des Stieles entlanggeführt wird und diesen dann umwickelt. Einen nicht vorhandenen Stiel ersetzt man durch Wickeldraht, den man durch die Mitte des Blattendes führt und dann so zurückbiegt, daß sich die Drahtenden miteinander verdrehen lassen.

Frühling

Es war unser Anliegen, das Buch nach Blütezeiten im Jahreslauf einzuteilen, wenn auch eine genaue Abgrenzung zwischen den einzelnen Jahreszeiten kaum möglich ist, da die Witterungseinflüsse eine vorzeitige oder verspätete Blütezeit bewirken können.
Darüber hinaus gibt es Arten mit zahlreichen Sorten, deren Blütezeit sich über mehrere Jahreszeiten erstreckt oder die lange nachblühen. Nur im Frühling haben die Blätter jenen frischen, leuchtenden, hellen Grünton, der so wunderbar mit den zarten Blütenfarben harmoniert und einen lebhaften Kontrast zu den kräftigen Farben bildet.

Hartriegel, weiß
(Cornus alba „variegata")
Kleinblättrige Funkie
(Hosta undulata)
Schneeball
(Viburnus opulus sterile)
Milchstern
(Ornithogalum arabicum)
Zierspargel, Asparagus
(Asparagus plumosus)

Deutzie *(Deutzia)*
Falscher Jasmin
(Philadelphus)
Wolfsmilch
(Euphorbia)

Päonie *(Paeonia)*
Edelrose
(Rose Anna)
Papageientulpe
(Tulipa)

Dichternarzisse
(Narcissus poeticus)
Rosenenzian
(Lisianthus russellianus)
Polyantharose
(Rosa-Hybriden)
Ranunkel
(Ranunculus)
Milchstern
(Ornithogalum arabicum)

Magnolie Soulange-Bodins
(Magnolia soulangeana)
Kletterrose
(Rosa wichuraiana „Alberic Barbier“)
Tulpe
(Tulipa „Angelique“)
Inkalilie
(Alstroemeria pelegrina)

Schwertlilie, netzartige
(Iris reticulata)
Waldrebe
(Clematis „Ville de Lyon“)
Rose „Cocktail“
Akelei
(Aquilegia)

Weigelie „Florida“
(Weigela)
Weißdorn
(Crataegus monogyna)
Schneeball
(Viburnum tomentosum
mariesii)
Kirschpflaume
(Prunus cerasifera
pissardii)
Wolfsmilch
(Euphorbia)

Spierstrauch Van Houttes
(Spiraea vanhouttei)
Kolkwitzie
(Kolkwitzia amabilis)
Südseemyrte
(Leptospermum scoparium)
Echte Goldrute
(Solidago virgaurea)

Rustikaler Waldrebenkranz

Alle Kletterpflanzen eignen sich bestens für Kränze, weil ihre Zweige flexibel sind und leicht zur Kreisform geflochten werden können. Der hier beschriebene Kranz aus Waldrebenzweigen und Glyzinien hat sich als so gelungene rustikale Komposition erwiesen, daß wir ähnlich rustikale Gebinde als Auftakt für jede Jahreszeit aufgenommen haben.

Als Grundgerüst fertigen Sie aus einigen Zweigen der Waldrebe einen Ring an, den Sie dann mit Draht umwickeln. Mit dieser Grundkonstruktion werden dann weitere Zweige verflochten und nach und nach, je nach Notwendigkeit, ebenfalls fixiert. Am Schluß wird mit regelmäßiger Bewegung eine lange Glyzinienranke um den ganzen Kranz geschlungen.

Verschiedene frische und blühende Triebe der Waldrebe werden nun so auf diesen Grundkranz gewikkelt, daß ihr schöner Schwung betont wird und die in verschiedene Richtungen weisenden Blüten richtig in den Vordergrund und zur Geltung kommen.

Einzelne Blumen können da und dort hinzugefügt werden, um das zauberhafte Farbenspiel zu verstärken. Beispiel: Eine Einzelblüte wird in einem Wasserröhrchen in den Kranz gesteckt und diese Stelle dann mit grünem Klebeband verdeckt. Dasselbe Verfahren wird bei erblühten Reblingen angewendet, um deren Frische zu garantieren. Jedes Röhrchen kann leicht im Geflecht fixiert und von einem Blatt verdeckt werden.

Die Eleganz dieses Waldrebenzweiges hat uns ganz spontan dazu verführt, ihn für diese Komposition zu verwenden und dabei seinem natürlichen Schwung zu folgen, der sich dem Grundkranz anschmiegt und die Anmut der herrlichen Blüten hervorhebt, die sich zu Beginn des Frühlings öffnen.

Kränze in leuchtenden Farben

Helle und frische Farben sowie die typischen Frühlingsblumen sind die Hauptelemente dieser fröhlich wirkenden Kränze. Ihre verschwenderische Blütenpracht kommt auf einem Tisch besser zur Geltung als an der Wand.

Ein Steckschaumring mit 25 cm Durchmesser wird einige Stunden ins Wasser gelegt, bis er sich vollgesogen hat.

Der Steckschaum wird vollständig mit einer dünnen Schicht aus frischem Moos bedeckt, das mit U-förmig gebogenem Blumendraht befestigt wird.

Beide hier vorgestellten Kränze werden in ähnlicher Technik dekoriert: Die Blüten werden in leicht schrägen Streifen angelegt, die sich um den ganzen Umfang wiederholen.

Der linke Kranz ist aus rosaroten Chrysanthemen, Blüten der Südseemyrte und Mahonie und den gefleckten Blättern der Klebsame zusammengestellt, die in kleinen dreieckigen Gruppen auf dem Grundkranz befestigt werden. Die einzelnen Büschel bestehen aus verschieden langen Stielen, damit der Kranz luftig wirkt.

Der rechte, zweifarbige Kranz fällt durch eine regelmäßigere, spiralförmige Anordnung der Blumen auf. Die gelben Ranunkeln sind in diagonalen Reihen eingefügt, in denen nur die Größe der Blüten variiert. Einige sind kompakte Knospen, andere, die bereits geöffnet sind, weisen im Zentrum eine grünliche Färbung auf, die perfekt mit dem zarten Grün der Blütendolden des Schneeballs harmoniert. Sie wurden bereits gepflückt, als noch nichts an ihren Namen „Schneeball“ erinnerte.

Ihre grünen Blütenbällchen füllen die Lücken zwischen den Ranunkeln und vermitteln den Eindruck, daß eine zweite, nur ein wenig stärker hervortretende Farbspirale sich um den Kranz schlingt.

Kränzchen aus duftenden Kräutern

Ein kleiner Spaziergang an Orten, wo aromatische Kräuter gezüchtet werden, kann uns die Freude bescheren, die entzückende Frühlingsblüte von Pflänzchen zu entdecken, die normalerweise eher für ihren Duft bekannt sind. Eine ungewöhnliche Rosmarinsorte mit weißen Blüten sowie Majoran und Minze haben uns dazu inspiriert, daraus duftende Kränzchen zu binden, deren schlichte Schönheit in einem stillen Winkel des Hauses gut zur Geltung kommt. Ihr Aroma wird noch lange anhalten.

Ein Grundkranz aus Hasengitter mit gut gewässertem Steckschaum darin ist die Unterlage für das zweite Kränzchen (unten) aus blühenden Majoran- und Minzezweiglein.

Der Grundkranz ist mit frischem Moos überzogen. Die beiden Kräuter verteilen sich auf dem darunterliegenden Moosbett.

Sollten die kleinen Zweiglein zu zart sein, um in das Oasis gesteckt zu werden, können Sie mit einem dünnen Stäbchen Löcher vorbohren.

Das Kränzchen aus Rosmarin (oben) hat als Grundlage einen Ring aus Hartriegel. Die Zweigspitzen des Rosmarinstrauches haben eine leicht holzige Konsistenz, so daß sie sich biegen lassen, ohne zu brechen. Man kann sie daher mit den Hartriegelzweigen verflechten und diese vollständig abdecken, ohne sie untereinander zu fixieren.

Um die Blüten gleichmäßig zu verteilen, können Sie da und dort ein besonders üppig blühendes Zweiglein einfügen. Achten Sie aber darauf, daß der spontane Effekt des Ganzen nicht verlorengeht.

Wenn das eine Kränzchen wie zufällig auf das andere gelegt wird, harmonieren sie so herrlich miteinander, daß sie wie ein einziger duftender Kranz wirken.

Ranunkeln, Kamelien & Co.

Im späten Frühling können die Farben sehr intensiv und kontrastreich sein. Im linken Kranz wird dem Rotbraun der Blätter das leuchtende Rosa der Ranunkeln entgegengesetzt, um das natürliche Farbzusammenspiel der Kirschpflaume wiederzugeben, deren Blüten inzwischen verschwunden sind. Der rechte Kranz kombiniert die beiden lebhaften und sich ergänzenden Farben ein und derselben in voller Blüte stehenden Pflanze, der japanischen Kamelie.

Das Grundgerüst für diese beiden Kränze ist ein Steckschaumring von 25 cm Durchmesser, der einige Stunden ins Wasser gelegt wurde.

Für den Ranunkelkranz wird der Steckschaumring mit frischem Moos bedeckt, in das Sie dann viele Kirschpflaumenzweige hineinstecken und auf der ganzen Oberfläche verteilen.

Ohne einer bestimmten Ordnung zu folgen, stecken Sie nun die Ranunkeln in abwechselnden Farbtönen zwischen die Blätter, wobei Sie auf ein harmonisches und ausgeglichenes Ergebnis achten sollten.

Die kleinen, zarten Blütenspitzen der Tamariskenzweige heben sich leuchtend von den Kirschpflaumblättern ab.

Im Kamelienkranz wird der Steckschaum vollständig von den Blättern der kleinen Zweige verdeckt. Einige Blüten sind schon geöffnet, andere noch geschlossene Knospen.

Die Kamelienblüten weisen in alle Richtungen, und zwischen den Blüten bleibt kein Platz frei, so daß ein kompakter, dynamischer Ring entsteht.

Girlande aus Efeu mit Buketts

Efeuranken liefern das schönste und nützlichste Ausgangsmaterial für Girlanden. Die jungen, zarten und biegsamen Zweige können auch beachtliche Längen erreichen und sind daher für jede Art von Geflecht geeignet. Gegen das obere Ende der Spaliers werden sie kräftiger und reich an Blüten und Früchten. Die Vielfalt ihrer Formen und Zeichnungen gibt uns die Möglichkeit, in jeder Jahreszeit aus einer schier unerschöpflichen Quelle an grünem Material zu schöpfen, das wegen seiner Geschmeidigkeit und Eleganz besonders kostbar ist.

Ein gefleckter Efeu mit weißen Blatträndern bildet eine elegante geschwungene Girlande und einen interessanten Hintergrund für eine ganze Reihe kleiner Buketts in fröhlichen und zarten Farben. Eine frische und leichte Girlande, die überall aufgehängt oder zur Dekoration eines Frühlingstisches benützt werden kann.

Sobald Sie passende Äste in der richtigen Länge gefunden haben, sollten Sie sie nebeneinanderlegen, um deren natürliche Bewegung zu prüfen, und nur die verwenden, die ein harmonisches Ganzes bilden.

Winden Sie daraus ein Geflecht, und achten Sie darauf, daß die Schönheit der Blätter voll zur Geltung kommt.

Je eine Halterung aus dickem Wickeldraht an den beiden Enden reicht in der Regel aus, wenn die Girlande aufgehängt werden soll. Ist sie jedoch sehr lang, können stellenweise zusätzliche Halterungen aus dünnem Metalldraht angebracht werden.

Binden Sie nun Sträußchen aus rosaroten Ranunkeln, kleinen Zweigen von Waxflower und Schneeball.

Die Stiele werden mit feuchter Watte, Klarsichtfolie und mit grünem Guttacoll umwickelt.

Anschließend bindet man die Stiele mit dünnem Wickeldraht zusammen, wobei wegen der Befestigung die Enden lang gehalten werden müssen. Befestigen Sie dann die Buketts in gleichmäßigen Abständen an den Efeuranken. Achten Sie dabei auf unterschiedliche Ausrichtungen.

Wenn die Girlande als Tischdekoration gedacht ist, sind weitere Sträußchen auf einem schönen Efeublatt als Unterlage ideale Tischkärtchenhalter.

Apfelblüten mit Magnolien

Eine Symphonie in Rosa ist dieser Osterkranz. Die Blüten der Magnolie Soulange-Bodins, die sich im April öffnen, noch bevor die Blätter sprießen, scheinen die Osterzeit anzukündigen. Auch der Zierapfelbaum bietet zur selben Zeit seine zarten Blüten an, die so verführerisch wirken, daß wir nicht darauf verzichten wollten.

Ein Steckschaumring, auf einer festen Plastikbasis montiert, wird mit Wasser getränkt und mit frischem Moos bedeckt.

Der Zierapfelbaum ist für diese Art der Dekoration sehr geeignet, weil jede Gruppe dieser kleinen Blüten von einem Blattbüschel umgeben ist. Schneiden Sie viele kleine Zweige ab, deren Blüten teils knospig, teils schon geöffnet sind.

Anschließend stecken Sie die Ästchen in den Grundkranz, so daß sie etwa drei Viertel der Oberfläche bedecken.

In die Zwischenräume können Sie Blätter der Magnolie *(Magnolia grandiflora)* einfügen, die mit ihrer dunkelgrünen, glänzenden Oberfläche einen hübschen Kontrast zu der blühenden kleinen Wiese daneben bilden.

Stecken Sie dann die Stiele von drei Blüten der Magnolie Soulange-Bodins in je ein mit Wasser gefülltes und mit einem Stöpsel versehenes Plastikröhrchen ein.

Plazieren Sie die Magnolienblüten leicht asymmetrisch in die Mitte der grünen Blätter.

Rosengirlande

Eine derart üppige Dekoration braucht eine entsprechend robuste Basis wie diese Rolle aus Hasengitter, gefüllt mit in Wasser getränkten Steckschaumstücken, deren Enden mit einem starken Wickeldraht verbunden werden.

Diese Grundlage können Sie dann mit Efeuranken und kleinen Zweigen des Spindelstrauchs *(Euonymus japonicus)* abdecken.

Ein Triumphzug aus Rosen, von ganz blassem Rosa bis zum leuchtenden Rot, von der allerkleinsten Rosa moschata „Ballerina“ bis zur voll erblühten königlich-stolzen Rose, umgeben von ihren mal mehr, mal weniger weit geöffneten Knospen. Sobald uns der fortgeschrittene Frühling mit dieser großzügigen Blütenpracht beschenkt, ist es an der Zeit, sie zu einer prächtigen Girlande zusammenzufügen.

An beiden Enden der Girlande werden Büschel des gefleckten Efeus als Ersatz für eine Schleife angebracht. Weitere Zweige hängen wie grüne Bänder an den Seiten herunter.

Um der Dekoration die richtigen Proportionen zu geben, beginnen Sie außen mit den kleinsten und hellsten Rosen und steigern dann gegen die Mitte zu, wo die Farben am intensivsten und die Rosen voll erblüht sein sollten, die Anzahl der Blüten, um dort eine größere Dichte zu erreichen.

Inmitten der Blüten sticht das zarte Grün des Frauenmantels *(Alchemilla)* hervor, das die Farbenpracht unterstreicht und aufhellt und das Arrangement auflockert.

Ranunkeln, Rhabarberblüten und -blätter

Der Rhabarber führt in unserem Hausgarten eher ein Außenseiterdasein, denn sein Name wird bei uns meistens mit seiner medizinischen Verwendung in Verbindung gebracht. Es ist bekannt, daß Rhabarber auch zur Produktion von Spirituosen dient und man die aromatische Substanz dafür aus dem Wurzelstock des Rhabarbers gewinnt. Die Blattstengel des weit verbreiteten sogenannten französischen Rhabarbers werden zu Marmeladen verarbeitet oder für Kuchen verwendet. Noch wesentlich ungewöhnlicher ist die Verwendung seiner Blüten für dekorative Zwecke, auch weil in den Handbüchern für den Gemüseanbau ihre Entfernung vorgeschlagen wird, damit die Blätter kräftiger wachsen.

Fertigen Sie aus gründlich gewässerten Steckschaumstücken und einem Streifen Hasengitter einen robusten Grundkranz an. Damit der fertige, aufgehängte Kranz nicht tropft, muß das Oasis mit Plastikfolie überzogen werden, was das Einstecken der Stiele wesentlich erschwert. Daher müssen Löcher in die Plastikfolie gebohrt werden.

Die Steckschaumrolle wird zum Ring geschlossen und etwa ein Drittel der Oberfläche mit Moos bedeckt.

Dann werden einige Büschel Bärengras vorbereitet und mit einem dünnen Draht zusammengebunden; der moosbedeckte Teil der Unterlage wird spiralförmig mit dem Gras umwickelt und das Gras mit Klammern fixiert.

Zuerst wird der Grundkranz mit den sauber geputzten Blättern, danach mit den Rhabarberblüten und Ranunkeln aufgebunden.

Nun werden die restlichen zwei Drittel dekoriert, so daß der Kranz asymmetrisch wirkt.

Die Freude am Experimentieren mit unüblichen Formen hat uns dazu verführt, die kompakten, noch geschlossenen Blüten des Rhabarbers mit der Lieblichkeit der Ranunkeln zu kombinieren. Die breiten, gewellten Blätter sehen als Hintergrund und Verbindung zwischen den beiden Elementen wunderschön aus.

Zwillingsringe

Sie sind das Symbol für Freundschaft, Liebe und Treue. Sehr zahlreich sind somit ihre Verwendungsmöglichkeiten als bezaubernde Dekoration zu allen möglichen Jubiläen.

Der dichtgedrängte Ring aus Euphorbienblüten steht in hübschem Kontrast zu dem locker gebundenen Rund der kleinen weißen Orangenblume (Choisya).

Die beiden Kränze werden nicht einfach aufeinandergelegt, sondern zusammen gestaltet.

Zwei Oasisringe gleichen Durchmessers werden so aufeinandergelegt, daß der Innenteil beider Ringe sichtbar bleibt.

Mit einem Messer zeichnen Sie dann die Umrisse des oberen Ringes auf dem unteren Ring nach. Aus dem unteren Ring werden die markierten Stücke entfernt und beide Ringe zu einer einzigen Struktur auf derselben Ebene zusammengefügt.

Nachdem Sie die Grundkränze mit frischem Moos bedeckt haben, wird der eine davon mit blühenden Trieben der Choisya rundherum fertig dekoriert.

Dann werden die schirmchenförmigen Blütendolden der Wolfsmilch sehr dicht in den anderen Ring gesteckt. Achten Sie besonders auf die sich überschneidenden Partien.

Die weißen, klar umrissenen Sternchen der Orangenblume (Choisya) haben in der Mitte einen gelben Farbtupfer, der uns zur Kombination mit dem zarten, wildwachsenden Grün-Gelb der Wolfsmilch angeregt hat, mit dem die Ränder der Feldwege gesäumt sind.

Gelbe Röschen

Die gefüllten Röschen der „Banksiae“, einer duftenden Kletterpflanze (hier der Sorte Lutea), bilden eine natürliche Girlande um das Haus einer lieben Freundin, die uns erlaubt hat, sie zu pflücken und in einem kleinen Kranz den magischen Augenblick ihrer üppigen Blütenpracht festzuhalten.

Verflochtene Weidenruten bilden die Grundlage für diese Girlande, denn für die zarten und mit vielen Blüten bestückten Zweige erweist sich dieser leichte Untergrund als ausreichend.

Einige kleine Blütenzweige werden ganz einfach der Kontur folgend auf den Weidenring aufgelegt.

Mit einigen längeren Trieben wird der Grundkranz verdeckt. Die Umwicklung fixiert die Blüten und legt die Umrisse fest.

Bei der weiteren Dekoration stecken Sie jede kleine Blüte gut sichtbar ein. Einige Zweiglein sollten hie und da seitlich herausragen, um etwas Bewegung in die Linie zu bringen, ohne sie zu unterbrechen.

Um die Haltbarkeitsdauer zu erhöhen, sollten Sie jeden Zweig nach der entsprechenden Vorbehandlung in ein mit Wasser gefülltes und mit grünem Klebeband umwickeltes Röhrchen stellen, das dann zwischen den Blättern versteckt wird. Der ideale Platz für diesen Kranz ist außen an der Eingangstür oder an einem Fenster, weil er dort länger seine Frische behält.

Blumentopf-reigen

Ein fröhlicher, bunter Reigen aus kleinen, mit Blumen gefüllten Töpfchen kann sehr schnell angefertigt werden und mit großer Natürlichkeit die Tischmitte bei einem Essen mit Freunden oder ein Tischchen für ein Kinderfest zieren. Jedem Gast kann anschließend ein Töpfchen als Geschenk mitgegeben werden.

Kleine Terrakotta-Töpfe mit einem oberen Durchmesser von 5-6 cm werden mit wassergetränktem Steckschaum gefüllt.

Die Wahl der Blumen ist frei, es können solche sein, die gerade im Garten wachsen: Mahonien, Schneeball, Kerrie, oder was die Wiese anbietet: Wolfsmilch und Immergrün; oder was sonst zu haben ist: gelbe und rote Ranunkeln, weiße und rosarote Margeriten, Waxflowers und vieles mehr.

Sie können auch die verschiedensten Farben kombinieren. Wir haben Gelb, Rosa und Hellgrün als typische Frühlingsfarben gewählt. Andere mit dem Gedeck harmonierende Farben eignen sich natürlich ebenso gut.

Bereiten Sie jedes Element sorgfältig vor. Schneiden Sie die Stiele so kurz, daß sie ein der Größe des Töpfchens entsprechendes rundes Gesteck ergeben.

Legen Sie aus schönen Efeublättern einen Kreis, und stellen Sie auf jedes Blatt ein Töpfchen, wobei Sie auf eine gefällige Kombination der Farben und Volumen achten sollten.

Ginsterkranz

Dieser Ginsterkranz hat – trotz der Kreisform – eine sehr freie, fast tänzerisch schwingende Bewegung. Die noch nicht blühenden, aber bereits mit Blättchen versehenen, sich anmutig nach außen biegenden Ginsterzweige verleihen dem Kranz einen etwas unregelmäßigen Aspekt.

Stellen Sie einen Grundkranz aus kleinen Ginsterzweigen her, die mit Blumendraht zum Ring gebunden werden.

Die zahlreichen seitlichen Zweige sollten dabei nicht mitgebunden werden, damit ihre Bewegung die Linienführung betonen kann.

Mit den gelben Ranunkeln und den kleinen Zweigen des Spierstrauches, dessen kleine weiße Blüten Röschen ähneln, bilden Sie dann kleine, asymmetrische Gruppen, die mit dünnem Draht zusammengebunden werden.

Die Stiele der kleinen Sträußchen werden mit nasser Watte, dann mit durchsichtiger Folie und zuletzt mit grünem Klebeband umwickelt.

Anschließend werden die kleinen Buketts mit dünnem Blumendraht in unregelmäßigen Abständen auf dem Ginsterkranz befestigt.

Dieser Kranz sieht besonders hübsch aus, wenn man ihn mit gelbem und weißem Band aufhängt.

Teezeit

Die Auswahl der Blumen für eine Girlande kann sich an verschiedenen Kriterien orientieren: dem Anlaß, für den sie gedacht ist, der Harmonie der Farben zwischen den Blumen und ihrem Hintergrund, der wahrscheinlichen Haltbarkeit. Ein neutraler Untergrund läßt mehr Spielraum für die Farbwahl, doch sollten Sie in diesem Fall zu zarte Farben, die sich nicht deutlich genug vom Untergrund abheben würden, vermeiden. Für dieses beige Tischtuch haben wir einen wunderbaren Farbakkord in der rot-violetten Skala gefunden, den uns nur Anemonen schenken können. Schließt man Weiß, Violett und Rot aus, verbleibt diese herrliche Farbe, die auch „Fuchsia" genannt wird, weil sie bei dieser zauberhaften Blume vorkommt. Zwischen den Anemonen stechen kleine, in dieser Farbe ungewöhnliche Nelken hervor, zusammen mit dem zarten Violett-Rosa der Waxflowers. Erwähnenswert ist die lange Lebensdauer der Nelken und Waxflowers, – auch ohne Wasser.

Die auf den ersten Blick recht üppig wirkende Tischgirlande ist in Wirklichkeit eher leicht, weil sie aus sehr kleinen, zarten Blüten besteht und nur auf eine Kordel aufgebunden wird. Kleine Buketts schmücken die Befestigungspunkte am Tischrand und wiederholen sich auf dem dreistufigen Tafelaufsatz.

Eine starke Kordel ist die einfachste und flexibelste Basis für eine Tischgirlande.

Gebraucht werden zahlreiche sehr kurz geschnittene kleine Buchsbaum- und Zwergzypressenästchen, die in kleinen Gruppen, mit einem feinen Draht, überlappend an der Kordel befestigt werden, um den Draht zu verbergen.

Nachdem Sie die ganze Kordellänge mit diesem Grün verkleidet haben, wird die Girlande so am Tischtuch befestigt, daß sie Bögen bildet.

Anschließend schneiden Sie die kleinen Waxflowers in die richtige Länge, binden sie mit Blumendraht zu kleinen Sträußchen zusammen und befestigen sie dann in regelmäßigen Abständen an der Girlande.

Kleine Buketts aus zwei oder drei Nelken und einer Anemone werden in Abständen zwischen die Waxflowers gesteckt.

Dann fertigen Sie vier größere Buketts an: Geben Sie eine Anemone in die Mitte und drumherum Waxflowers, Nelken und kleine Anemonen. Die Blumen werden umrahmt von drei gefleckten Geranienblättern.

Die sehr kurz geschnittenen Stiele werden mit Klebeband umwickelt, und drei der Buketts finden ihren Platz an den Befestigungspunkten der Girlande.

Der vierte Strauß wird auf die größte Platte des Tafelaufsatzes neben die Süßigkeiten gelegt. Auf die beiden oberen Platten kommen zwei kleinere Buketts, je eines an den rechten und linken Rand. Einige kleine Zypressenzweige verbinden die drei Ebenen in einer weichen, spiralförmigen Bewegung.

Sommer

Es wird immer schwieriger, die verschiedenen Jahreszeiten zu unterscheiden, denn durch den industriellen Anbau stehen inzwischen einige Blumen wie Rosen, Nelken, Margeriten oder Gladiolen das ganze Jahr über zur Verfügung: Unsere Vorliebe gilt jedoch dem typischen Angebot der Saison: Im Sommer gibt es die ersten Früchte; Blumen und Blätter sind zahlreicher und demzufolge die Kompositionen auch üppiger; die Farben sind nicht mehr so hell und abgestuft, sondern warm und voll.

Chinaschilf
(*Miscanthus sinensis*)
Hahnenkamm, Esparsette
(*Onobrychis sativa*)
Ölweide
(*Elaeagnus pungens*
„maculata“)
Gemeiner Frauenmantel
(*Alchemilla vulgaris*)
Mahonie
mit Beeren
(*Mahonia*
aquifolium)
Schneeball
(*Viburnum davidii*)

Geißbart
(Aruncus dioicus)
Ulme (Ulmus)
Schneefeder-Funkie
(Hosta undulata)
Kapuzinerkresse
(Tropaeolum majus)
Schneeball
(Viburnum
tinus Laurustinus)
Wolfsmilch
(Euphorbia peplus)
Knollenbegonie
(Begonia-Hyb.)
Japanischer Spindelstrauch
(Euonymus japonicus „aureopictus“)

Rittersporn (Delphinium-Hyb.)
Waldrebe (Clematis vitalba)
Lilie (Lilium-Hyb.)
Astilbe (Astilbe japonica „Rheinland“)
Hortensie (Hydrangea quercifolia)

Knoblauch
(Allium sativum)
Sonnenblume
(Helianthus annuus)
Rittersporn (Delphinium-Hyb.)
Alpendistel
(Eryngium alpinum)
Hortensie
(Hydrangea
macrophylla)

Moschusrose
(Rosa moschata)
Magnolie *(Magnolia grandifolia)*
Strauchrose, Moschusrose „Ballerina“
(Rosa moschata „Ballerina“)
Bourbonrose *(Rosa bracteata)*
Strauchrose
(Rosa-Hyb.)
Polyantharose
„Queen Elizabeth“,
(Rosa polyantha)

Duftwicke
(Lathyrus odoratus)
Lavendel
(Lavandula
officinalis)
Oleander (Nerium oleander)
Polyantharose
(Rosa polyantha)
Rose (Rosa-Hyb.)
Pfingstrose
(Paeonia officinalis)

Rustikaler Glyzinienkranz

Die traubenförmigen Glyzinienblüten erscheinen im Spätfrühling vor den Blättern, weshalb der sommerliche Anblick dieses Kranzes im üppigen Blättergewirr nur mehr einzelne Blüten enthält. Typisch sommerlich hingegen ist die Hortensienblüte, die mit ihrer zarten Fülle die bewußt gewählte unregelmäßige Linienführung bereichert.

Um den Grundkranz werden ganz locker einige Glyzinienranken mit zahlreichen Blättern gewickelt.

Dazu werden auch einige traubenförmige Blütenstände benutzt, die Sie so anbringen sollten, daß sie mit derselben Eleganz aus dem Kranz ragen, die sie auch am Strauch haben.

Einige Hortensien werden in kleine, mit Wasser gefüllte Plastikröhrchen gesteckt und dann zwischen den Ästchen der Struktur befestigt. Ihre Farbe harmoniert perfekt mit den Glyzinienblüten und betont damit die Natürlichkeit des gesamten Gebildes.

Grüne und rote Früchte

Noch ein Bild, das den Übergang des Frühlings zum Sommer kennzeichnet, mit einem starken Kontrast aus warmen und kalten Farben. Im Kranz sind kleine rote mit grünen Früchten kombiniert, die erst im August und September langsam heranreifen: Haselnüssen und Äpfeln. Der ideale Platz für dieses dekorative Gebinde ist der Tisch.

Der Grundkranz (Durchmesser 25 cm) besteht aus Steckschaum für Trockenblumen (grau). Nasser Steckschaum ist nicht nötig, da keine Blumen verwendet werden.

Jede einzelne Frucht muß entsprechend präpariert werden: In die kleinen Äpfel und Haselnüsse werden Stäbchen gestochen, die Kirschen in kleinen Gruppen an den Stengeln zusammengebunden und mit einem Draht an einem Stäbchen befestigt. Die roten und schwarzen Johannisbeertrauben werden vorsichtig auf ein Brunnenkresseblatt gehäuft.

In gleichmäßigen Abständen werden zuerst drei Apfelgruppen eingefügt, dann drei Kirschgruppen, dann die Haselnüsse, die noch das kleine grüne Röckchen aufweisen, und zuletzt die Blätter mit den Johannisbeeren, die mit U-förmig gebogenen Drahtstücken befestigt werden.

Die Früchtegruppen werden regelmäßig verteilt auf dem Ring angeordnet, um ein ausgewogenes Bild zu vermitteln.

Falls zwischen den Früchten der Steckschaum sichtbar bleibt, verdecken Sie diese Stellen mit kleinen Moosstücken.

Säule aus rosaroten Blumen

Eine sehr üppige Blumenkomposition, die in Form einer Säule von etwa zwei Metern Höhe vertikal angelegt ist. Sie eignet sich bestens für große Räumlichkeiten, um eine kahle Wand zu beleben oder ein Portal festlich zu schmücken.

Wenn man auf großen Flächen arbeitet, müssen die Blumen mit besonderer Sorgfalt ausgewählt werden. Ein Element, das sich von allen anderen abheben soll, muß in seiner Größe, Würde und Schönheit voll zur Geltung kommen.

In dieser Komposition haben die aristokratischen Päonien eine Schlüsselrolle; ihre Kompaktheit gleichen die übrigen, leichter wirkenden Blüten geschickt aus.

Im Blumenfachhandel können Sie richtige Säulen in unterschiedlicher Höhe kaufen, steife Strukturen aus Metallgitter, die aus einer soliden Zementbasis emporragen Der Hohlraum ist so bemessen, daß darin Steckschaumstücke übereinandergelegt werden können.

Um dieses Grundgerüst zu kaschieren, wird die Oberfläche der Säule mit kleinen Zweigen – vom Schneeball und gefleckten Efeu – bedeckt. Der Efeu wird in unterschiedlich lange Stücke geschnitten und bildet zwischen den Blumen grüne Zwischenräume.

Damit eine spiralförmige Bewegung entsteht, ordnet man die Päonien in Schräglinien an.

Gruppen mit Rosen der Sorte „Ballerina" werden in der gleichen Richtung eingefügt, abwechselnd mit anderen Rosen verschiedener Größen.

Einen intensiveren Farbkontrast geben die Blütenstände der rosa- und violettfarbenen Hortensie sowie die Spiräe der Sorte „Bumalda" mit ihren kleinen karminroten Dolden

Eine andere Spiräensorte mit hellrosa, in spitz zulaufenden Rispen gesammelten Blüten sowie Geißbart zieren das obere Ende der Säule.

Ein Büschel Chinaschilf verleiht der Komposition den letzten Schwung in die Höhe. Die Säule wird zum Schluß in einen flachen Kupfertopf gestellt.

Spanische Wand mit Gemüse und Blumen

Eine mit grünem Stoff drapierte spanische Wand bildet den Hintergrund für diese ungewöhnliche Girlande, in der die Farbe Violett in verschiedenen Nuancen dominiert. Sie wird vertreten durch Auberginen und Knoblauchblüten.
Die verschiedenen Elemente der Dekoration wurden ausgewählt, um eine auf starken Kontrasten basierende harmonische Wirkung zu erzielen.

Der Stoff für den Hintergrund bekommt an den Punkten, wo die Girlande aufgehängt werden soll, zwei Knoten; eine weiche Drapierung hängt an den Seiten herunter.

Als Grundlage dient eine Rolle aus Hasengitter, die mit nassem Steckschaum gefüllt wird. Die beiden Enden werden mit einem starken Draht geschlossen und damit aufgehängt.

Beginnen Sie mit dem Mittelteil des Bogens bzw. den dekorativsten Elementen: den Auberginen. Kräftiger Draht wird durch das Fleisch der Aubergine gebohrt, bis er auf der anderen Seite herauskommt; die beiden Enden werden dann durch die Maschen des Hasengitters gezogen und miteinander verknotet.

In der Mitte sowie links und rechts der beiden dunklen Auberginen kommen Beerentrauben der Mahonie, deren holzige Stiele leicht in die Grundform eingehängt werden können.

Eine hellere Gruppe wird aus den kugelförmigen Knoblauchblüten gebildet: Ihre hohlen Stiele werden mit einem Bambusspießchen verstärkt.

Nach außen hin ordnen Sie die duftigen Hortensienblüten abwechselnd mit kleinen gefleckten Efeuranken und den violetten Beeren des Schneeballs *(Viburnum davidii)* an.

Hellgrüne Tupfer bilden die kleinen Blüten des Frauenmantels zwischen den kräftigeren Farben. Sie lockern die Seitenteile auf.

Die glänzende und kompakte Oberfläche und das schöne, intensive Violett der Aubergine kombiniert sich gut mit dem seidigen Blaugrün der Mahonienbeeren. Die kugeligen Knoblauchblüten wiederum bilden einen schönen Kontrast zur flacheren Rundung der Hortensienblüten. Die nahezu transparente Leichtigkeit der Frauenmantelblüten verleiht der ganzen Komposition eine gewisse Luftigkeit.

Paravent in Gelbtönen

Gelb und Orange: die Farben der Sonne, des Sommers, warm und kräftig. Typisch sommerlich sind auch die Blumen dieser Girlande: die Sonnenblume mit ihrem schweren, der Sonne zugewandten Gesicht, die Schafgarbe (Achillea filipendulina) mit ihren sehr kleinen Blüten in kompakter Dolde und schließlich die Lilie, die jetzt das ganze Jahr über zu haben ist, in unseren Gärten aber den Sommer bevorzugt.

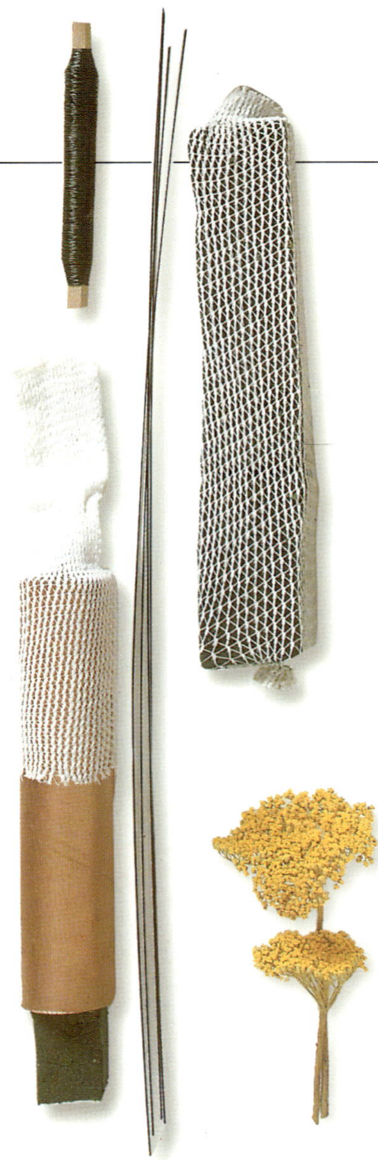

Auf biegsame Unterlagen gesteckte Girlanden eignen sich für die verschiedensten Anlässe und Zwecke. Sie können eine asymmetrische Form annehmen und einen freien, unregelmäßigen Verlauf nehmen, je nachdem wo sie aufgehängt werden. Fenster, Türen, Paravents, Säulen und Balkone sind dafür die idealen Plätze.

Als Grundgerüst benötigen Sie ein elastisches, schlauchförmiges Netz, wie es von Metzgern für Rollbraten benutzt wird. Der Steckschaum wird mit Hilfe eines Plastikzylinders, der wie ein Trichter funktioniert, in das Netz eingeführt. Man zieht ein Stück Netz in der benötigten Länge über den Zylinder, schiebt die Steckschaumstücke ins Innere des Rohres, bis sie am anderen Ende herauskommen und im Netz gefangen sind. Man schließt das Ganze mit Wickeldraht, der, entsprechend gebogen, auch zum Aufhängen benützt wird.

Diese Basis wird dann mit kleinen Zweigen eines gelbgefleckten Immergrüns, zum Beispiel des Spindelstrauchs *(Euonymus japonicus)* und des Schneeballs *(Viburnum tinus)*, bedeckt und mit Blütentrauben des Frauenmantels vermischt.

Nun muß die Girlande an ihrem Bestimmungsort aufgehängt werden. Wenn Sie sie liegend dekorieren, besteht die Gefahr, daß beim Aufhängen der schwerste Teil der Komposition nach unten rutscht und der schmucklosere Teil nach vorne weist.

Die Blumen werden je nach Form und Volumen eingefügt: Die gelben Blütentrauben der Schafgarbe sollten sehr kurz geschnitten und in verschiedene Richtungen gelegt werden, während die Lilien im unteren und mittleren Teil nach oben und nach vorne zeigen, im höheren Teil dagegen nach unten.

Für die krönende Spitze muß ein zusätzliches Gerüst angebracht werden, z. B. ein mit Hasengitter umwickeltes und mit mit Draht befestigtes Stück Steckschaum. Hier werden die Sonnenblumen zusammen mit den grünen Blättern der Funkie und Schafgarbendolden angebracht.

Ein Sträußchen Frauenmantel schließt die Komposition oben ab und lockert die Girlande stellenweise auf.

Zinnienkränze

Die starke und dynamische Wirkung des rechten Kranzes sowie der Kontrast der sich ergänzenden Farben wird durch die helle Komponente der unreifen Ligusterbeeren abgemildert. Rote Farbtupfer finden sich auch auf den kleinen grünen Äpfeln. Ein Kranz aus solch lebhaften Farben kann schon allein einen runden Tisch festlich schmücken. Werden mehrere benutzt, dann entsteht ein effektvoller Tischschmuck für einen langen rechteckigen Tisch. Im linken Kranz bildet ein fröhlicher Tupfer aus „Nicht-Farbe" ein Intervall zwischen den sonnigen Farben des Sommers. Die rustikale Grazie der Zinnie wirkt in der cremeweißen Farbabstufung äußerst freundlich und paßt ausgezeichnet zum herben Grün des Kugelamarants und zum glatten, fleischigen Grün der Rosetten der Hauswurz (Sempervivum).

Der Grundkranz mit einem Durchmesser von 25 cm besteht aus einem gut gewässerten Steckschaumring.

Drei Gruppen von Zinnien, die in verschiedene Richtungen weisen, werden mit den gefleckten Blättern des Immergrüns *(Vinca major elegantissima)* eingerahmt.

Zahlreiche weiße, dichtgedrängte Blüten des Kugelamarants bilden weitere drei Gruppen seitlich neben den Zinnien.

Auf der anderen Seite werden die grünen Rosetten der Hauswurz so angeordnet, daß sie in verschiedene Richtungen weisen.

In den verbleibenden Zwischenräumen schauen da und dort ein wenig die zarten, noch grünen Spitzen der echten Goldrute *(Solidago)* hervor.

Ein gründlich gewässerter Steckschaumring bildet die Grundlage des rechten Kranzes.

Kleine grüne Blätter, vor allem die Hagebuttenblätter mit ihrer charakteristischen Fiederung und einem gesunden und kräftigen Aussehen, eignen sich ganz hervorragend dafür, den Grundkranz zu verdecken.

Anschließend werden vier Gruppen von Zinnien an den wichtigsten Punkten so eingesteckt, daß ihre Blütenkronen in verschiedene Richtungen weisen.

Die Rundungen der Äpfel, die sehr nah beieinander und in zwei gegenüberliegenden Gruppen angeordnet werden, setzen sich sehr stark gegen die gespreizten Blumenblätter ab.

Die leuchtendroten Hagebutten nehmen die runde Form der Äpfel wieder auf und bilden zwei gegliederte Häufchen in den anderen beiden Zwischenräumen zwischen den Zinnien .

Zwischen all diesen klaren Farben und starken Formen verleiht eine Fülle kleiner grüner Ligusterbeeren dem Kranz Ausgewogenheit und verbindet die verschiedenen Elemente miteinander.

Lotusblumen

Sobald die Lotusblätter (Nelumbo nucifera) das Wasser, in dem sie wachsen, verlassen haben, verlieren sie ihre leuchtende Farbe; sie fangen an, sich zu kräuseln und die feierliche Eleganz eines orientalischen Tanzes anzunehmen. Und wie eine Tänzerin präsentiert sich auch die lange Girlande, die eine Holzsäule umschlingt. In einem Kreis angeordnet wie ein drapiertes Stück Stoff, sind Lotosblätter von einer vergänglichen, betörenden monochromen Schönheit.

Das Grundgerüst besteht aus einem Weidenkranz, auf dem drei mit Hasengitter überzogene Steckschaumstücke fixiert sind, die in gleichmäßigen Abständen angeordnet und mit Moos bedeckt werden.

Die gut vorbereiteten Lotusblätter werden bis zum Augenblick ihrer Verwendung in einem geschlossenen Plastikbeutel aufbewahrt.

Wählen Sie die Formen, die sich am besten eignen, die kreisförmige Rundung des Kranzes nachzuvollziehen, sowie große und kleine Blätter, die im richtigen Gleichgewicht zueinander stehen.

In der Nähe der drei Steckschaumkissen werden dann, in ungleichen Gruppen, noch grüne Lotuskolben angebracht. Ihre runden und festen Formen bilden Ruhepole in der Zeichnung der Blätter.

Die Grundlage der Girlande ist ein elastisches Schlauchnetz, in das mit Wasser durchtränkte und zum Schutz gegen Tropfen in Plastikfolie gewickelte Steckschaumstücke eingeführt werden. Es wird mit einem starken Klebeband an der Säule fixiert. Auf dem oberen Säulenabschluß und am unteren, verbreiterten Ende werden zwei mit Folie überzogene Steckschaumwürfel angelegt, die dann mit Hasengitter und Draht befestigt werden.

Die Lotusblätter haben zwar einen starken Stiel, aber sie lassen sich leichter in die Unterlage stecken, wenn Sie Löcher in die Folie bohren.

Fangen Sie am oberen Ende mit einem breiten Blätterkranz an, den Sie so anlegen, daß die eleganten Rundungen der Blätter eine harmonisch durchlaufende Bewegung bilden.

Arbeiten Sie dann in einer nach unten spiralförmigen Linie weiter.

Am unteren Ende schwillt die Girlande zu einem schwungvollen Schnörkel an.

Zwischen den Blättern lugen die Blütentrauben der weißen Japananemone hervor, die der ganzen Komposition eine gewisse Leichtigkeit und stilvollen Schwung verleihen.

Kurz geschnittene Blüten der Fetthenne werden hier und da eingearbeitet, dürfen aber die Linienführung der Girlande nicht unterbrechen.

Ganz oben bilden drei Lotusblüten, zwei geöffnete und eine noch nicht erblühte Knospe, mit ihren glatten und perfekten Formen den krönenden Abschluß.

Sonnenfarbene Girlanden

Sie drücken die leuchtend warme Atmosphäre des Spätsommers aus; das Gelb der Zinnien und Sonnenblumen ist die vorherrschende Farbe. Auch die Trauben des noch etwas unreifen Feuerdorns (Pyracantha) haben einen ungewöhnlich hellen Farbton, während die kleinen Buchsbaum- und Spierstrauchzweige wie auch die kugelförmige Rudbeckie, die goldene und rostbraune Nuancen aufweist, bereits den nahenden Herbst ankündigen. Das Gelbgrün der noch geschlossenen Sonnenblumenknospen harmoniert mit der zitrusgelben und transparenten Farbe der halbierten Limette (Citrus aurantifolia).

Die beiden Girlanden können in der Mitte des Bogens aneinandergelegt werden; sie sind wegen der vorhandenen Früchte eine geeignete Dekoration für einen Büfetttisch und schmücken, aufgehängt, Türen oder Kamine.

Stellen Sie eine genau auf die Maße des verfügbaren Platzes abgestimmte Unterlage her. Ein Streifen Hasengitter wird um die Steckschaumstücke gewikkelt und dann in die gewünschte Form gebogen, danach in seiner ganzen Länge und an den Enden mit Draht geschlossen.

Kleine Spitzen der Buchsbaumzweige und des Spierstrauches decken das Stützgerüst ab und trennen die Farbflächen voneinander.

Die Blüten scheinen beliebig gesteckt, doch das Wechselspiel von Formen und Farben erzielt eine äußerst harmonische Wirkung.

Die Limetten werden erst im letzten Moment halbiert, um nichts von ihrer Leuchtkraft zu verlieren, dann mit Stäbchen aufgespießt und in unterschiedlichen Neigungswinkeln festgesteckt.

Rosarotes Büfett

Aus gebogenen Linien läßt sich nicht nur ein Kreis, sondern auch ein großes „S“ bilden, das, mit Blumen besteckt, außergewöhnlich dekorativ und sehr geeignet für ein prächtiges Büfett sein kann. Besondere Aufmerksamkeit wurde hier dem Zusammenspiel der Farbtöne gewidmet, das durch Verwendung ungewöhnlicher Sorten von Gartenpflanzen erreicht wird.

Das sehr helle Grün der buschigen Dolden der Rispenhortensie (Hortensia paniculata) enthält auch einen Hauch von Rosa. Es findet sich auf dem ganzen Gebinde wieder und definiert die Umrisse der Girlande. Aus diesem Grundton sticht das satte Rosa der Kosmeen (Schmuckkörbchen) hervor. Die runden dunkelgrünen Blätter des Perückenstrauchs (Rhus cotinus) mit ihrem zarten rosaroten Rand geben einen idealen Hintergrund für die kleinen sternförmigen Blüten des Losbaums (Clerodendron bungei) ab. Das Clerodendron trichotomum, eine andere Sorte des Losbaums, mit seinen weiß-rosa schirmförmigen Blüten findet einen Platz neben den federleichten Blüten der Spinnenpflanze (Cleome). Zum Schluß wiederholen kleine runde Anhäufungen das Braun in den kegelförmigen Scheiben der Rudbeckie.

In ein Schlauchnetz der gewünschten Länge füllen Sie die vorher eingeweichten Steckschaumstreifen, die so unterteilt werden, daß sie das Modellieren der Kurven ermöglichen. Die Ränder werden mit Draht geschlossen, so daß ein flexibles schlauchförmiges Gebilde entsteht.

Mit den üppigen Rispen der Hortensie wird diese Grundstruktur bedeckt.

Gruppen von Kosmeen werden unregelmäßig angeordnet. Die kleine dunkle Masse der Rudbeckie bildet einen eleganten chromatischen Kontrapunkt zu den sternförmigen Blütentrauben des Clerodendrons und den zarten Blüten der Spinnenpflanze.

Das große „S" wird an den Enden von zwei runden Büscheln der beiden Losbaumsorten inmitten von rosa gesäumten Perückenstrauchblättern abgeschlossen.

Winkelgesteck

Die geschwungenen Linien einiger Blumen und Zweige haben uns zu dieser Dekoration in abgerundeter Form angeregt. Sie ist bestens geeignet, Türen und Kamine zu zieren – entweder einzeln, in asymmetrischer Anordnung, oder spiegelbildlich wiederholt, um sehr große Flächen zu füllen.

Die floralen Elemente bilden ein sehr dichtes Herzstück, das gegen die Seiten zu aufgelockert wird und mit zwei luftig-leichten Spitzen abschließt. Auch die Farben sind außergewöhnlich: Verschiedene Blautöne, die im Sommer nur selten zu finden sind, geben dem Gesteck einen leichten Touch von Frische, der schon den Herbst anklingen läßt. Einige weiße Blüten in verschiedenen Formen verleihen dem Ganzen Leuchtkraft und heben die fein aufeinander abgestimmten Farben hervor.

Als Grundgerüst wurde ein kleines Plastikkästchen mit Oasis benutzt, das im Blumenfachhandel erhältlich ist und für einige Stunden ins Wasser gelegt werden muß. Durch die Zwischenräume des Behälters wird ein Wickeldraht gesteckt und zu einem Ring gebogen, der später als Aufhängung dient.

Um die Linie vorzugeben, können Sie zunächst die längeren Zweige der Zwergmispel *(Cotoneaster)* und des Winterjasmins *(Jasminum nudiflorum)* auf den beiden Seiten des Steckschwammes anbringen. Dann werden weitere, kürzere Zweige hinzugefügt, darunter Ehrenpreisranken mit ihren hübschen blauen Blüten, die sich in dünnen Rispen vereinen.

Bei der weiteren Gestaltung bewegen Sie sich dann nach und nach in Richtung Mitte der Komposition, indem Sie immer kürzere Zweige einstecken, und fügen dann Knospen der weißen Japananemone, abwechselnd mit den blauen Blütenähren des Ehrenpreises und den blau-violetten Blüten der Säckelblume *(Ceanothus)*, hinzu.

Am Scheitelpunkt des Bogens wird die Linie breiter und mit den Blüten der blauen Schmucklilie *(Agapanthus)* sowie den schneeweißen Rispen des Schmetterlingsstrauches *(Buddleja)* angereichert.

Außer an Breite nimmt die Komposition auch an Dichte zu, die dadurch erzielt wird, daß Sie die Blüten auf verschiedenen Ebenen anordnen: Die voll aufgeblühten und üppigen Blütentrauben werden sehr kurz gehalten und durch einige Blätter des gefleckten Efeus hervorgehoben. Leichtere Blüten hingegen, wie die Japananemone, läßt man auf längeren Stielen zusammen mit den Spitzen der Blütenähren frei schwingen.

Sommerliche Dahliengirlande

Für so viele und recht voluminöse Blumen braucht man eine ziemlich lange Grundstruktur, die bei dieser Girlande aus einem eineinhalb Meter langen Hasengitterstreifen besteht. Er umhüllt die Steckschaumstücke, deren Dicke von den Enden in Richtung Mitte zunimmt.

An den beiden Enden muß der Wickeldraht, der die Gitterrolle schließt, lang genug sein, damit er zu einem Befestigungshaken umgebogen werden kann.

Um das Hasengitter zu verdecken und einen geeigneten Hintergrund für die Blumen zu schaffen, wird die Basis mit kleinen Zweigen des immergrünen Schneeballs *(Viburnum tinus)* und den wunderhübschen bräunlichen Blättern des Brombeerstrauches bedeckt.

Dahlien und Zinnien, die typischen Blumen des Spätsommers, werden mit eher ungewohnten Blumen kombiniert: Spinnenpflanzen (Cleome), Japananemonen, Hortensien (Hydrangea paniculata) und dem Gartenfuchsschwanz (Amaranthus caudatus) mit seinem karminroten, lang herunterhängenden „Schweif". Für dieses sommerliche Stimmungsbild unverzichtbar ist eine kleine Frucht: die Brombeere.

Mit dem Binden beginnt man am besten in der Mitte, wo die leuchtenden Farben der Dahlien und Zinnien dominieren. Die Leichtigkeit der Spinnenpflanze und die roten und schwarzen Pünktchen der Brombeere lockern das Bild auf.

Zu den Seiten hin überwiegen nach und nach die helleren und leichteren Blumen: Hortensien, Spinnenpflanzen, Japananemonen und kleine helle Dahlien.

An den beiden Enden baumeln wie Bänder die hängenden Blütentrauben des Fuchsschwanzes herab, durchsetzt von dem zarten Rosa der Japananemone.

Zwei große Seidenschleifen geben der Girlande den letzten eleganten Schliff.

Umkränzte Teller

Die Blüten der Duftwicke, der beliebtesten Sorte der Zierblatterbse, weisen Farbschattierungen auf, die von perlmuttweiß über rosa- bis purpurrot reichen und sogar verschiedene Farben in ein und demselben Blütenblatt vereinen. Doch die Farben sind nicht der einzige Grund für ihre zauberhafte Schönheit: Ihre schwebende Leichtigkeit und Eleganz erinnern an Schmetterlingsflügel. Und sie gehören in der Tat zur Familie der Schmetterlingsblütler.

Verwendet man im Sommer Blumen mit kühlen Farben, wie zum Beispiel Blau, so strahlen sie Frische aus. Aus diesem Grund haben wir Kornblumen und Hortensien ausgewählt und mit Wolfsmilch und kleinen „Pompon"-Chrysanthemen mit weißen und grünen Köpfchen kombiniert. Für ein sehr ansprechendes Arrangement der Blumen in kleinen, kompakten Gruppen eignen sich vor allem Edelstahlteller in schlichten Formen, die als Dekoration in der Tischmitte Dynamik und Leichtigkeit vermitteln.

Die durchsichtige Schönheit dieser Blumen erinnert an die Transparenz des Glases, und die reiche Farbenskala verlangt nach keiner zusätzlichen Ergänzung außer einigen kleinen Blättern des gefleckten Efeus. Das Motiv dieses zarten und romantischen Mittelstücks kann in kleinen Sträußchen auf den Servietten wiederaufgenommen werden, für die sich die gleichen Blumen und ein Büschel Efeu anbieten.

Für eine Dekoration mit frischen Blumen braucht man, um sie haltbar zu machen, unbedingt eine Grundstruktur, in der Wasser vorhanden ist. Für gewöhnlich wird Steckschaum verwendet, und dann genügt es, ein Gefäß zu finden, in das der Schwamm eingefügt werden kann. Muß man es jedoch einer besonderen Form oder Dimension anpassen, wie zum Beispiel dem Rand eines Tellers, wird das Problem komplizierter, und die einzige Lösung besteht darin, einen passenden Behälter zu erfinden.

Aus einer Rolle Alufolie, wie sie zum Konservieren von Lebensmitteln üblich ist, trennt man einen dem Umfang des zu dekorierenden Tellers entsprechenden Streifen ab. Dieses Stück Alufolie wird dann an beiden Seiten mehrfach eingefaltet und hochgeklappt, so daß ein 5-6 cm breiter Kanal entsteht. Beide Ränder werden mit breitem Klebeband der Länge nach verstärkt. Der so entstandene Mini-Behälter wird mit kleinen Oasisstücken gefüllt und kann nun leicht zu einer runden Form gebogen werden kann. Die beiden Enden werden dann zu einem Ring zusammengefügt, der genau um den Tellerrand paßt.

Nachdem Sie diese Basis angefertigt haben, empfiehlt es sich, sie auf eine feste Kartonunterlage zu legen. Dann werden die Blumen hineingesteckt, wobei Sie vorher für Blumen, die keinen steifen Stiel haben, mit Hilfe eines Stäbchens kleine Löcher in den Steckschaum bohren sollten. Diese Komposition wird dann behutsam auf den vorgesehenen Teller und dieser in die Mitte des gedeckten Tisches gestellt.

Herbst

Die Farben Pink, Rostbraun und Orange dominieren in Beeren und Früchten, während das Grün in seinen nuanciertesten und mattesten Farbtönen vor allem in vielen Moosarten zu finden ist, die den nahenden Herbst ankündigen.
Die herbstlichen Farbschattierungen von Blumen und Blättern sind so typisch herbstlich, daß sie ihre Saison sofort erkennen lassen.

Buchsbaum
(Buxus sempervirens)
Spindelstrauch
(Euonymus alatus)
Chinaschilf
(Miscanthus sinensis)
Zuckerahorn
(Acer saccharum
Gemeiner Hopfen
(Humulus lupulus)
Pfeilkraut (Sagittaria japonica)

Amberbaum
(Liquidambar styraciflua)
Amerikanische Kermesbeere
(Phytolacca americana)
Seerose
(Nymphea candida)
Nordamerikanischer Essigbaum/Hirschkolbensumach
(Rhus typhina)
Amberbaum (Liquidambar)
Indische Lotusblume
(Nelumbo nucifera)
Gemeine Mahonie
(Mahonia aquifolium)

Schneeball
(Viburnum opulus)
Schneebeere
(Symphoricarpos albus)
Gänsefuß
(Chenopodium album)
Brombeere
(Rubus fruticosus)
Zwergmispel
(Cotoneaster integerrimus)
Clerodendrum
(Clerodendrum speciosissimum)
Schwarzerle
(Alnus glutinosa)

Gemeiner Hopfen
(Humulus lupulus)
Schönfrucht/Liebesperlenstrauch
(Callicarpa japonica)
Glanzmispel
(Photinia villosa)
Kletterrose – Beeren
(Rosa sarmentosa multiflora)
Bittersüßer
Nachtschatten
(Solanum dulcamara)
Johanniskraut
(Hypericum patulum)
Pfaffenhütchen
(Euonymus europaeus)
Hundsrose – Beeren
(Rosa canina)
Kartoffelrose – Hagebutten
(Rosa rugosa)
Feuerdorn (Pyracantha coccinea)

Zinnie
(Zinnia elegans „daliaflora“)
Magnolie
(Magnolia grandiflora)
Edelrose-Hybride
(Rosa Hyb.)
Meerlavendel/Strandflieder
(Limonium latifolium)
Hahnenkamm –
Federbusch-Celosie
(Celosia plumosa Venezuela)
Zierkürbis (Cucurbita)
Eiche – Eichel
(Quercus turneri)
Amberbaum
(Liquidambar styraciflua
Zierquitte aus Japan
(Chaenomeles japonica)
Granatapfel
(Punica granatum)
Brombeere
(Rubus fruticosus)

Dahlie
(Dahlia-Hybriden)
„Pompon“-Zinnie
(Zinnia elegans)
Hortensie
(Hydrangea macrophylla)
Färberdistel
(Carthamus tinctorius)
Erdbeerbaum (Arbutus unedo)
Kulturapfel
(Malus domestica)
Dahlie (Dahlia-Hyb.)
Kartoffelrose – Beeren
(Rosa rugosa)
Fuchsschwanz
(Amaranthus caudatus)
ktusfeige/Stachelbirne
untia ficus indica)
Walnuß
(Juglans regia)
Edelkastanie –
Marone
(Castanea sativa)
Kaki/Kakipflaume (Diospyros kaki)

Rustikaler Mooskranz

Der Herbst hat uns die zauberhafte Welt der Moose entdecken lassen. Für diesen als Willkommensgruß an die Jahreszeit gedachten Kranz haben wir uns an die vorherrschenden Farbtöne zwischen Grün und Braun gehalten, die sich am besten dafür eignen, die Veränderungen in der pflanzlichen Welt darzustellen. Dank der außergewöhnlichen Vielfalt an Formen konnten wir unter den verschiedenen Moosarten die mit den feinsten Farbabstufungen auswählen und hier und da Hortensienblüten dazwischensetzen, deren Farbtöne vom matten Grün bis Rosa changieren. Darunter, völlig versteckt, ist der rustikale Grundkranz.

Der Grundkranz besteht aus verflochtenen Klematis- und Glyzinienzweigen.

Die einzelnen Moosbüschel werden zunächst auf das Grundgerüst gelegt, um ihre Wirkung zu prüfen. Anschließend steckt man sie mit „U"-förmig gebogenen Wickeldrahtstücken an der Basis fest.

Die Hortensien werden grüppchenweise über den gesamten Kranz verteilt. Die zarten Blüten bilden hellere Inseln zwischen den dunklen Moospölsterchen.

Die verschiedenen Moossorten können auf vielfältige Weise benutzt werden: als Kaschierung für den Grundkranz, als Füllmaterial, als Hintergrund oder, wenn sie besonders schön sind, auch als dekoratives Hauptelement.

Grün und Violett

Wir alle kennen die kleine Fettpflanze Echeveria, deren fleischige Blätter eine Rosette bilden, ein Dickblattgewächs, das sehr leicht zu züchten ist. Eine Sorte mit seidigen grün-grauen Blättern, die auch einen Hauch von Violett zeigen, hat uns dazu angeregt, eine ähnliche Farbkombination bei anderen Pflanzen zu suchen. So haben wir entdeckt, daß sich die europäische Echeveria zu Beginn der Jahreszeit mit noch grünen, aber ein wenig mit Rosa getupften Kapseln darbietet und gut zu den grün-violetten Körbchen des Kugelamarants, den rosafarbenen Blütenähren des flauschigen Hahnenkamms und den rosa geränderten grünen Blättern des Perückenstrauchs paßt.

Legen Sie einen bereits fertigen Steckschaumring auf fester Plastikunterlage einige Stunden ins Wasser.

Ordnen Sie die drei großen Rosetten der Fettpflanze nebeneinander in asymmetrischer Position auf einer Seite des Kranzes an.

Einige Perückenstrauchblätter werden dann darunter eingesteckt und auf der ganzen Ringoberfläche verteilt.

Auf dieser von vielen runden und dunklen Formen gezeichneten Grundlage bilden die hellen Flecken der Spindelstrauchkapseln einen schönen Kontrast, der von den winzigen Blüten des Kugelamarants und den schlanken Spitzen des Hahenkamms noch unterstrichen wird.

Wegen ihrer Ähnlichkeit mit den Spindelstrauchfrüchten eignen sich einige kleine Dolden von Rautenfrüchtchen, die in verkleinertem Maßstab deren Struktur wiederholen, bestens als Ergänzung.

Landschaft mit Dahlien

Prächtige Dahlien mit ihrer bezaubernden Farbe zwischen Rosa und Orange erinnern uns an dieses spezielle Licht sonniger Herbstnachmittage, wenn die Hitze des Sommers schon vorbei ist. Die majestätische Schönheit dieser Blumen hat uns dazu inspiriert, ihre Kraft durch die Präsenz der voluminösen Magnolienfrüchte *(Magnolia grandiflora)* aufzuwiegen. Einzelne, aber sehr elegante Pfeilkrautblätter, deren Name ihre schlanke Form ausdrückt, nehmen alle Farben der Jahreszeit – von Grün über Gelb bis Braun – wieder auf.

An einen Steckschaumring wird ein zusätzliches, mit Hasengitter umwickeltes Oasisstück seitlich angelegt und mit Wickeldraht befestigt, um das Hauptgewicht der Komposition zu tragen.

In der Mitte dieses „Anbaus“ werden zwei große offene Dahlienblüten angebracht und zwei weitere, noch nicht aufgeblühte Knospen hinzugefügt. Dazu kommen mehrere Magnolienfrüchte, zwei oder drei auf einer Seite und etwa doppelt so viele auf der anderen.

Eine dritte geöffnete Dahlienblüte mit zusätzlicher Knospe schließt auf der einen Seite den blühenden Halbkreis, während am anderen Ende drei Pfeilkrautblätter ausgebreitet werden: ein grünes, ein gelb umrandetes braunes sowie ein bereits gelb verfärbtes, mit Grün- und Brauntönen gesprenkeltes Blatt in seiner vollen Länge. Die großen Blätter werden von einigen Blütentrauben derselben Pflanze umrahmt – entweder frei schwingend oder auf dem Islandmoos aufliegend; eine schüchterne Einzelblüte des Pfeilkrauts guckt noch auf der anderen Seite zwischen Dahlienblättern und -blüten hervor.

Die verbleibende Hälfte des Ringes wird mit einer verblaßten Moosart umwickelt, die uns den Eindruck einer herbstlichen Wiese vermittelt. Die einzelnen Schichten werden durch kleine, zu einem „U“ gebogene Drahtstücke am Steckschaum befestigt.

Symphonie in Grün

Auch ganz einfache wildwachsende Pflanzen, selbst ein Unkraut wie die amerikanische Kermesbeere (Phytolacca) oder die Waldrebe, können ungewöhnliche und besonders anregende Formen beisteuern. Die erstere findet man am Straßenrand oder auch in unseren Gärten, wo sie meist als Unkraut behandelt wird; sie hat rispenförmige, sehr dekorative Blütentrauben. Die andere, eine Kletterpflanze, fällt erst gegen Ende ihrer Vegetationsperiode auf, wenn sich ihre Früchte als sehr elegante luftige Bällchen an langen, spiralförmig umwachsenen Stielen präsentieren.

Als Grundkranz nehmen Sie einen Steckschaumring von 25 cm Durchmesser, der gut mit Wasser durchtränkt sein muß.

Fangen Sie am besten an dem Punkt an, wo zahlreiche, auf verschiedenen Ebenen angeordnete, Früchte der Waldrebe angebracht sind. Sie sollen eine kompakte, aber schwungvolle Masse bilden.

Seitlich davon werden zwei Gruppen kleiner grüner Feigen befestigt, wobei die Früchte in verschiedene Richtungen weisen sollen. Drei kleine Spieße, an dem Punkt eingesteckt, wo die Früchte auf dem Steckschwamm aufliegen, dienen ihnen als Halt. Mit Spießchen verschiedener Längen können Sie sie in jeder gewünschten Position fixieren.

Anschließend wird die Unterlage auf beiden Seiten mit zwei üppigen Bündeln von Rispen der amerikanischen Kermesbeere in jedem Reifestadium garniert, von der winzigen weißen Blüte bis hin zur kleinen grünen Frucht. Die Rispen werden von rosaroten, anmutig geschwungenen Stielen gestützt, die die beträchtliche Fülle von Blüten leicht wirken lassen.

Geschlossen wird der Kranz – als Kontrast zu den Farben und fülligen Formen – mit einem Abschnitt aus leicht überlappenden dunklen Blättern des Schneeballs *(Viburnum davidii)*. Sie werden mit „U"-Häkchen aus Wickeldraht an der Unterlage befestigt und bilden zunächst einen Hintergrund für die Blüten der Kermesbeere, bis sie sich in der Mitte des freigebliebenen Abschnitts begegnen.

Einen reizvollen Gegensatz zwischen gegliederten und kompakten Formen bildet eine Gruppe von Waldrebenfrüchten inmitten von zwei kleinen Gruppen aus grünen Feigen. Die Farben Weiß und Grün, zuweilen abgemildert durch rötliche Farbschattierungen, dominieren die Komposition. Von einem zum anderen Pol des Kranzes verlaufen zwei symmetrische Reihen, die ihm einen sehr schönen Schwung geben.

Herbstfrüchte

In diesem Kranz finden wir Früchte, die allein wegen ihres Aussehens, nicht nach dem Kriterium ihrer Eßbarkeit, ausgesucht wurden. Ein typisches Beispiel dafür ist die Kakifrucht, die mit ihrem brillanten Grün und festen Fleisch ein idealer Kranzschmuck ist – vorausgesetzt, sie wird früh genug geerntet. Ihren kompakten Rundungen wurden die kleinen spitzzackigen Früchte des Amberbaumes *(Liquidambar)* entgegengesetzt, während die amerikanische Traube, deren Farben ständig zwischen Grün und Violett wechseln, sich leuchtend von den matten Umrissen der Magnolienfrüchte abhebt. Diese starken Kontraste werden durch die typisch herbstliche Harmonie der Farben vor dem Hintergrund der Mahonienblätter gemildert. Die gesamte Skala der Herbstfarben – Grün, Rosabraun, Rotviolett – ist hier in voller Pracht vertreten.

Als Grundkranz eignet sich ein Steckschaumring für Trockenblumen. Er wird nicht eingeweicht, ist robust und stark genug für das Gewicht der Früchte.

Schwere Früchte wie die Kaki stecken Sie am besten mit stärkeren Plastikstäbchen fest, die im Blumenfachhandel erhältlich sind. Für die Früchte der Magnolie und des Liquidambar eignen sich auch Bambusspießchen, ebenso für Trauben; sie müssen jedoch mit dünnem Draht am Stengel der Traube befestigt werden.

Beginnen Sie die Gestaltung der Girlande mit drei Kakipaaren, die Sie in regelmäßigen Abständen so anordnen, daß jede Frucht in eine andere Richtung weist als ihre Nachbarin.

An die Kakifrüchte angelehnt oder sie auch ein wenig überlagernd folgen die kompakten und stark gegliederten Früchte des Amberbaumes dem Bogen des Kranzes.

Die amerikanischen Weintrauben füllen die nächste Lücke, und zum Schluß werden die Magnolienfrüchte auf der anderen Seite der Kaki angeordnet.

In die leeren Abschnitte zwischen den Früchten und vor allem am inneren und äußeren Rand des Kranzes, wo kompakte Elemente zu schwer wären, werden Magnolienblätter eingefügt, die auch als verbindendes Element wirken und eine kleine ebene Fläche inmitten der voluminösen Formen bilden.

Gelb-blaues Paneel

Der Amberbaum, eine rustikale Pflanze mit Blättern, die denen des Ahorns sehr ähnlich sind, trägt im Herbst nicht immer nur Rot. In manchen Jahren beschert er uns einen herrlichen Anblick von Grün im Sommer und Gelb bis Karminrot bei der ersten Kälte. Andere Male hingegen kann es vorkommen, daß er an einem windigen Tag alle gelben oder teilweise noch grünen Blätter mit orange Verfärbungen abwirft. So haben wir die Blätter eingesammelt, und das Nebeneinander von Gelb und Grün hat uns dann dazu angeregt, kugelige Gärtner-Chrysanthemen und kleine runde Paprikaschoten in derselben Farbkombination für die Komposition zu wählen.

Eine derartige Dominanz der Farbe Gelb kann leicht einen monotonen Eindruck erwecken. Das verhindert der blaue Hintergrund. Die Lebensdauer dieser Komposition ist kurz, weil die Blätter dazu neigen, sich einzurollen und dunkel zu verfärben, vor allem in warmen Räumen. Daher ist es besser, die Blätter kühl zu halten und sie oft mit Wasser zu besprühen. Dieses Paneel ist leicht aufzuhängen und darüber hinaus auch eine sehr attraktive Dekoration für eine lange Tafel.

Besorgen Sie sich beim Tischler eine dünne Sperrholzplatte in der gewünschten Länge. Bringen Sie entlang der Mittellinie vier länglich geschnittene Steckschaumblöcke an, die mit Hasengitter bedeckt werden. Das seitlich 2 cm überstehende Gitter befestigen Sie mit dem Klammerapparat am Paneel.

Malen Sie die freien Flächen der Platte mit blauer Farbe an.

Um die Blätter haltbar zu machen, ist es nicht nötig, sie ins Wasser zu legen, wie man es für gewöhnlich mit grünen Blättern macht, denn sobald sie gelb geworden sind, nehmen sie kein Wasser mehr auf. Es genügt vollkommen, die Blätter zu bespritzen, sie dann sorgfältig flach aufeinanderzulegen, wobei Sie darauf achten sollten, daß sich die Spitzen nicht verbiegen, und dazwischen angefeuchtetes Zeitungspapier legen. Auf diese Weise können sie vom Einsammeln bis zu ihrer Verwendung gut konserviert werden – nicht länger als einen Tag.

Die Blätter werden dann ziemlich dicht und in allen Richtungen auf der Holzplatte angeordnet. An den beiden Enden werden sie nach außen gerichtet und stehen leicht über den Plattenrand vor. An den Längsseiten hingegen sollten die Blätter nur knapp bis zum Rand gehen oder ein wenig vorher aufhören, damit die Farbe des Untergrundes sichtbar wird.

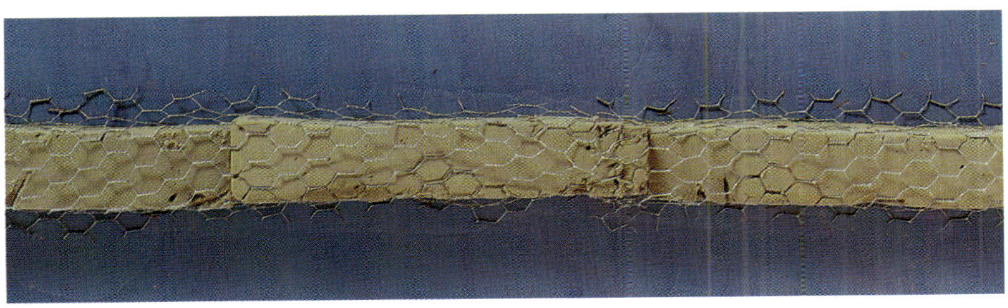

In den Abschnitten zwischen den Blättern werden Grüppchen kleiner Paprikafrüchte und Chrysanthemen, hie und da auch Samenkapseln des Hibiskus, festgesteckt.

Eine schwebend-leichte grüne Note erhält die ganze Komposition durch die langen, dünnen Rispen eines wildwachsenden Grases, das man im Herbst am Straßenrand finden kann.

Gemüse und Blumen in Violett und Weiß

In einer Girlande, die ein Portal oder einen hohen Kamin schmücken soll, erzielt man durch die Verwendung von Gemüsesorten eine viel plastischere Wirkung als mit Blumen allein. Die einzige Bedingung, um einen wirklich harmonischen Effekt zu erzielen, ist die Wahl einer dominierenden Farbe und eine glückliche Hand im Spiel mit Farbnuancen. In unserem Beispiel ist es das Violett der Rübe: rund, glatt und matt. Ergänzt wird es durch Blumen derselben Farbe: die seidige Strahlblüte der Dahlie und der Strandflieder (Limonium sinuatum), der mit seiner Leichtigkeit das Gleichgewicht zwischen den verschiedenen kompakten Formen der Komposition wiederherstellt. Dieses elegante Zusammenspiel kalter Farben läßt die länger werdenden Nächte, den nahenden Nebel und Reif und das sich ankündigende Weiß des Schnees erahnen.

Aus dem üppigen und vollen Hintergrund des intensiven dunklen Grüns der Thujen- und Zwergzypressenzweige heben sich die weißen Farbkleckse der Bohnen und des Chicorées ab; daneben hellen kleine Blumenkohlröschen und zwei große weiße Dahlien diese etwas düstere Atmosphäre auf.

Die Unterlage für die Komposition bildet eine stabile Konstruktion aus Holzpaneelen. Um sie besser gestalten und transportieren zu können, besteht sie nicht aus einem einzigen Stück, sondern aus drei Brettern, die getrennt vorbereitet und erst beim Aufhängen rechtwinklig zusammengefügt werden.

Die Sperrholzplatten sind 15 cm breit, für das obere Paneel 120 cm lang und 80 cm für die Seitenteile. Bevor Sie mit der Dekoration beginnen, sollten Sie Haken zum Aufhängen anbringen.

Für die Unterlage schneiden Sie einige mit Wasser getränkte Steckschaumblöcke der Länge nach durch. Anschließend werden diese Stücke mit Klammern entlang der Mittellinie jedes Paneels fixiert, mit einem Hasengitter überzogen und mit Hilfe eines Klammerapparats auf das Holz geheftet.

Um sich den Gesamteffekt vorstellen zu können, fügen Sie die drei Paneele so zusammen, daß die längere Platte horizontal über den beiden Seitenteilen liegt.

Zunächst bedecken Sie die Unterlage mit grünen Zweigen und dem Strandflieder. Achten Sie dabei darauf, daß nichts über die Ränder vorsteht.

Binden Sie die Gemüsearten zu kleinen Gruppen zusammen. Verteilen sie die hellen und dunklen Sorten gleichmäßig. Jedes Element muß mit einem oder mehreren Stäbchen fixiert werden.

Schließlich stecken Sie die Dahlien dazwischen. Dieses zunächst unwichtig erscheinende Element lokkert das Gebinde entscheidend auf.

Bogenportal

Diese Komposition aus warmen Farben mit dunkleren Abstufungen hebt sich besonders prächtig vor einem hellen Hintergrund ab und wirkt vor allem dort, wo viel Licht ist. Ihre Luftigkeit beruht auf der Verwendung kleiner und runder Formen in den Nuancen einer einzigen Farbe. Trotz ihres Namens bekommen einige immergrüne Pflanzen, wie der Buchsbaum, im Herbst bernsteinfarbene Töne oder sogar rot-braune Schattierungen, wie die Mahonie, und geben somit einen idealen Hintergrund für Blumen und Beeren mit einer Rotkomponente ab. Für diese Girlande haben wir kleine Zinnien, Färberdisteln, Johanniskraut- und Glanzmispelbeeren gewählt, deren Kügelchen wie venezianische Glasperlen aussehen.

Auf eine Styroporplatte zeichnen Sie die Umrisse des Bogens, den Sie dann mit einer scharfen Klinge ausschneiden. Auf der Rückseite werden die Haken angebracht, an denen sie später aufgehängt wird. Bis auf ein paar Handgriffe, die erst nach dem Aufhängen erledigt werden, kann die Girlande liegend fertiggebunden werden.

Ziehen Sie eine Mittellinie zwischen dem äußeren und inneren Bogenrand. Darauf werden Steckschaumblöcke gelegt, mit Klammern fixiert und anschließend mit einem Streifen Hasengitter überzogen, das mit dem Klammerapparat auf dem Styropor befestigt wird.

Seitlich wird das Styropor sorgfältig mit Moos bedeckt, das mit U-Häkchen befestigt wird.

Aus den Zweigen des Buchsbaumes und der Mahonie werden so viele kleine Spitzen herausgeschnitten und in die Steckschaummasse gesteckt, daß damit die gesamte Grundstruktur kaschiert wird, die Konturen aber genau nachgezeichnet werden. Einzelne Blätter können über den Rand hinausschauen, damit die Komposition natürlicher wirkt.

Blüten und Beeren werden dann so über die Bogenfläche verteilt, daß keine Lücken entstehen und das Gesamtbild ausgewogen wirkt.

Hagebutten

Unsere erste Herbstgirlande ist den Moosen gewidmet, und so auch die letzte, die wir zusammen mit einem anderen bezaubernden und typisch herbstlichen Material vorstellen: den Hagebutten. Sehr üppig und prächtig wirken die Granatäpfel, die zwischen den roten Scheinfrüchten verschiedener Rosensorten hervorstechen – den winzigen Beeren der Rose „Tesorino" bis zu den großen und fleischigen Hagebutten der Kartoffelrose, die zwischen den langen Trieben der Hundsrose (Rosa canina) auf dem samtigen Moos liegen. Einige Ahornblätter geben ihren Beitrag zu dieser Symphonie in Rot; die einzige helle Note wird der Komposition von den letzten blassen Hortensienblüten verliehen.

Die Halbmond-Form ist zwar die Form einer Girlande, aber bei diesem Beispiel handelt es sich um ein Dekorationsmotiv, um einen Bogen oder eine Tür zu zieren; dementsprechend ist der Bogen nach oben gerichtet, wo auch die Schmuckelemente konzentriert sind.

In der Mitte wird ein halber, mit Wasser getränkter und mit Hasengitter umwickelter Steckschaumblock festgeklammert.

Zeichnen Sie auf eine Styroporplatte den Bogenumriß vor, und schneiden Sie ihn aus. Befestigen Sie an der Rückseite einen Aufhängehaken.

Schneiden Sie die trockenen Steckschaumblöcke in 1,5 cm dicke Scheiben, die Sie dann in die Form der Mondsichel einpassen und an der Basis festpinnen. Fixieren Sie sie zusätzlich mit starkem Klebeband.

Die ebene Fläche wird mit Moos bedeckt, das von kleinen, durch den Oasisschwamm gesteckten Nadeln aus Wickeldraht gehalten wird.

Seitlich des Mittelstücks sollten sich längere Triebe der Hundsrose *(Rosa canina)* mit kürzeren abwechseln.
Im untersten Abschnitt werden dann die Granatäpfel angeordnet und mit einem oder mehreren robusten Plastikstäbchen befestigt.

Ihre fülligen Massen werden im oberen Teil von den runden, aber leichten Hortensien ausgeglichen und an den Rändern von größeren Gruppen von Hagebutten.

Die farbigen Blätter des Ahorns geben dem ganzen Gebilde Harmonie und Zusammenhalt.

Winter

Die Zweige immergrüner Pflanzen bilden die wichtigste Materialreserve in den Wintermonaten; zusammen mit den Nadelbäumen stellen sie die typische Dekoration für die zum Jahresende anfallenden Feste dar. Ihr intensives Grün kann durch kleine rote Beeren (wie der Zwergmispel und der Stechpalme) ganz natürlich aufgelockert oder mit Goldspray gefärbt werden. Abgesehen davon, daß letztere einen festlicheren Eindruck machen und den Kompositionen hellen Glanz verleihen, besitzen sie darüber hinaus durch ihre isolierende Schicht die Fähigkeit, der trockenen Luft in geheizten Wohnungen standzuhalten.

Vergoldeter Zierkürbis
(Cucurbita)
Begonie
(Begonia)
Vergoldete Ligusterbeeren
(Ligustrum ovalifolium)
Vergoldeter Granatapfel
(Punica granatum)
Zierkohl
(Brassica oleracea)
Anemone
(Anemone
japonica)
Hamamelis/Zaubernuß
(Hamamelis japonica)
Vergoldete Lotuskolben
(Nelumbo nucifera)
Kulturapfel
(Malus domestica)
Spathiphyllum
(Spathiphyllum floribundum)

Magnolie (Fruchtstand) – vergoldete Früchte *(Magnolia grandiflora)*
Weihnachtsstern/Poinsettie *(Euphorbia pulcherrima)*
Amaryllis *(Hippeastrum-Hybriden)*
Kamelie *(Camellia sasanqua)*
Granatapfel *(Punica granatum)*
Narzissen *(Narcissus Soleil d'Or)*
Weihnachtsstern *(Euphorbia pulcherrima)*
Christrosen *(Helleborus niger)*

Mistel
(Viscum album)
Gewürzstrauch
(Calicantus floridus)
Japanische Kamelie
(Camellia japonica)
Buchsbaum – Beeren
(Ilex verticillata)
Winterjasmin
(Jasminum nudiflorum)

Erika/Baumheide
(Erica arborea)
Mimose
(Acacia floribunda)
Zaubernuß
(Hamamelis japonica)
Kamelie
(Camellia sassanqua)
Besenheide
(Calluna vulgaris)
Blaugummibaum
(Eucalyptus globulus)
Hundsrose – Fruchtstand
(Rosa canina)
Gärtner-Schneeball
(Viburnum tinus)

Gemeine Lärche – Zapfen
(Larix decidua)
Weymouthkiefer – Zapfen
(Pinus strobus)
Weymouthkiefer
(Pinus strobus)
Lebensbaum / Thuja
(Thuja occidentalis))
Zapfen der Nordmannstanne
(Abies nordmanniana)
Pinienzapfen
(Pinus pinea)
Atlaszeder
(Cedrus Atlantica)
Himalajazeder
(Cedrus deodara)

Gemeine Fichte – Zapfen
(Picea abies)
Zedernzapfen
(Cedrus atlantica)
Gemeine Fichte
(Picea abies excelsa)
Tränenkiefer
(Pinus wallichiana)
Waldkiefer/Föhre – Zapfen
(Pinus silvestris)
Gemeine Waldkiefer
(Lonix/Pinus sylvestris)
Lawson-Zypresse
(Chamaecyparis
lawsoniana)
Gefleckte Stechpalme
(Ilex aquifolium)

Rustikaler Kranz zum Aufhängen

Mit Bändern und Kerzen fröhlich geschmückt und kunstvoll variiert, verwandelt sich der vielseitige rustikale Kranz in einen Adventskranz. Wegen seines etwas „rustikalen“ Aussehens ist die Dekoration gewollt einfach: immergrüne Zweige und frei herabhängende Efeutriebe. Dieser Kranz läßt sich gut im Freien, unter einem Portal oder in einem Hauseingang, an Bändern aufhängen und hält dort problemlos bis Weihnachten durch.

Als erstes wird die Aufhängevorrichtung gemacht. Vier Bänder werden im gleichen Abstand um den Kranzkörper geschlungen und dann zusammengebunden. Der Berührungspunkt kann durch ein Schleife verdeckt werden und ein weiteres Stück Band oder Kordel als Aufhängung dienen.

Einige Efeutriebe können Sie vor ihrer Verwendung ganz oder auch nur teilweise, damit das natürliche Grün noch sichtbar bleibt, mit Gold besprühen.

Die langen, biegsamen Zweige der Zwergmispel, die mit kleinen Trauben roter Beeren geschmückt sind, werden um den Kranz geschlungen. Einige junge Zweige der Weymouthkiefer fügen Sie dann in freigebliebene Abschnitte ein und lassen sie lose überhängen.

In der gleichen Art und Weise verfahren Sie mit den vergoldeten Trieben des Efeus und lassen da und dort einzelne kleine Zweige seitlich hervorgucken, um das Muster etwas aufzulockern.

Befestigen Sie nun die Kerzen. Für jede Kerze benötigen Sie drei lange, kräftige Drahtstücke, die mit Hilfe einer Zange in einer Flamme erhitzt und dann in die Unterseite der Kerze gebohrt werden. Die vier so vorbereiteten „Dreibeine“ stecken Sie in den Zweigen des Grundkranzes so fest, daß jeweils eine Kerze zwischen zwei Bändern steht. Die Drahtenden werden an der Unterseite in den Kranzkörper zurückgebogen.

Ein Grundkranz aus geflochtenen Zweigen eignet sich besonders zum Aufhängen, da er sich auch von unten betrachtet von seiner besten Seite zeigt.

Weihnachtsdekorationen

Im Haus einen Kamin zu besitzen und ihn für die Feiertage zum Jahresende nicht mit einer Girlande zu schmücken wäre unverzeihlich, weil der Kamin ein Anziehungs- und Treffpunkt für die ganze Familie und die Freunde ist. Alle traditionellen Feste haben ihre Rituale, die auch im kleinsten Detail respektiert werden sollten, deshalb haben wir den klassischen Dekorationen den Vorzug gegeben. Von denselben Gedanken haben wir uns bei der Wahl der Dekorationen für Tische, Türen und Fenster leiten lassen. Als Schmuckelement findet die magische runde Form des Kranzes dort unzählige Anwendungsmöglichkeiten.

Die traditionellen Farben, die eine weihnachtliche Atmosphäre entstehen lassen, sind Grün, Rot, Weiß und Gold. Immergrün- und Nadelholzzweige vertreten das obligatorische Grün; die rote Farbe von Blüten, Beeren und Früchten läßt uns mehr Spielraum; weiß sind die wenigen mutigen kleinen Blüten, die der Kälte trotzen; und schließlich Gold, das mit seinem Glitzern das Lichterfest verheißt; es wird durch Bänder hinzugefügt oder auf Früchte und Blätter gesprüht. Ein weiteres charakteristisches Element sind natürliche oder vergoldete Pinien- und Tannenzapfen.

Die Unterlage für die Girlande besteht aus Steckschaum, der mit Hasengitter umwickelt ist. Für große und schwere Dekorationen ist die Aufteilung in drei Stücke die bequemste Lösung. Für den Kamin verläuft der leicht geschwungene Mittelteil entlang des gesamten oberen Randes, während die beiden seitlich nach unten fallenden, verschieden langen Teile getrennt aufgebunden und erst am Schluß daran befestigt werden.

Bereiten Sie viele kleine Triebe von Tannen, Kiefern, Zwergzypressen, Lorbeerbäumen und Stechpalmen für das Abdecken der Unterlage vor. Beginnen Sie an der untersten Stelle der beiden vertikalen Abschnitte mit einer Gruppe kleiner spitzer Zypressenzweige; den nächsten Abschnitt bedecken Sie mit Lorbeerzweigen und den übernächsten vorwiegend mit Tannengrün. Danach beginnen Sie wieder mit Lorbeer und fahren abwechselnd auf dem gesamten horizontalen Streifen fort.

Die zwei obersten Punkte der Girlande werden mit kleinen Zweigen der gefleckten Stechpalme betont, die wie Krönchen zwischen Büschel der Weymouthkiefer gesteckt werden.

Das Rot der Stechpalmenbeeren zaubert kleine fröhliche Farbakzente in die beiden vertikalen Teile, während die weißen und rosaroten Büschel des Gärtner-Schneeballs sich über die ganze Girlande verteilen.

Zahlreiche auf Wickeldraht befestigte Zapfen, die einzeln oder in Gruppen eingesteckt werden, vervollständigen das Bild.

Bei Kränzen hängt die Wahl der Unterlage vom Verwendungszweck ab. Soll er zum Beispiel eine Tischmitte dekorieren, empfiehlt es sich, einen Oasisring mit fester Plastikunterlage zu verwenden, den es bereits fertig zu kaufen gibt. Wenn er hingegen aufgehängt wird, ist es besser, einen Grundkranz aus Hasengitter und Steckschwamm herzustellen – er wird dadurch leichter und genauso groß wie gewünscht.

Schneiden Sie von Stechpalmen-, Lorbeer-, Weymouthkiefer-, Tannen- und Zwergzypressenzweigen viele kleine Spitzen ab, bedecken Sie damit den ganzen Grundkranz, und achten Sie dabei auf die Konturen.

Befestigen Sie in gleichmäßigen Abständen die runden Blütendolden des Gärtner-Schneeballs und daneben leuchtendrote Stechpalmenkugeln.

Zwei kleine Zapfengruppen stehen sich in dieser Ringform gegenüber.

Neujahrskranz

Ein konsequent klassischer und fast strenger Kranz, der durch seine raffiniert einfache Schönheit besticht. Ein wesentliches Element verleiht ihm einen ganz besonderen Charme: die weiße und duftende Tazette (Narcissus tazetta), die im Winter mit fast rührender Pünktlichkeit erblüht. Dieser Kranz ist der perfekte Überbringer besonders origineller Glückwünsche. Er kann mit seinem weiten Umfang auf einen niedrigen Wohnzimmertisch gelegt werden, wenn das Neujahrsfest festlich begangen wird, und in seinem Inneren kleine Geschenkpäckchen für die Gäste enthalten.

Der Grundkranz besteht aus einem Hasengitter, auf den kleine Steckschaumstücke aufgereiht werden; er wird mit Wickeldraht geschlossen und zum Ring geformt.

Zweige der gefleckten Stechpalme, in sehr viele Einzelstücke geteilt, bedecken die ganze Oberfläche.

Mit zahlreichen Büscheln der Weymouthkiefer wird der innere und äußere Rand des Ringes nachgezeichnet.

Kleine silbergraue Blüten des Kapgrüns *(Tortum female)* werden zu Sträußchen gebündelt, mit einem Farnblatt und Draht umwickelt und in regelmäßigen Abständen festgesteckt.

Die Narzissen werden zu kleinen Sträußchen gebunden und in die mit Wasser gefüllten Plastikröhrchen gesteckt, die mit Farnblättern umwickelt und zwischen die grauen Efeukügelchen eingefügt werden. Wenn die Narzissensträußchen in der Nacht kühl gelagert werden, verlängert sich ihre Lebensdauer auf mehrere Tage.

Der Charme ihrer kleinen weißen Blüten erinnert uns an den Schnee, ist aber zugleich auch eine Vorahnung des Frühlings. Die gefleckte Stechpalme hingegen läßt das Weiß am Rand ihrer Blätter anklingen, die – zusammen mit den hübschen Büscheln der Weymouthkiefer – die ganze Komposition beleben.

Dekorationen in Gold und Grün

Besonders üppige und festliche Dekorationen erhält man, wenn im Verhältnis zwischen den natürlichen Elementen und denjenigen, die mit Goldfarben und -staub behandelt werden, die letzteren deutlich überwiegen und zum Hauptbestandteil der Komposition werden. Eine Fülle goldener Blätter und Früchte verleihen dem ganzen Gebinde einen barocken Glanz, der gut zu einem stilvollen Salon paßt.

Die Vergoldung bietet einige Vorteile. Bestimmte Früchte oder Beeren verlieren durch den Austrocknungsprozeß ihre Schönheit; die Vergoldung verleiht ihrer Form wieder Bedeutung und unterstreicht ihren plastischen Wert. Sie hebt die Äderung der Blätter hervor, die dadurch einen ungewöhnlichen Schimmer bekommen. Die Blätter der Magnolie (Magnolia grandiflora), naturfarben oder gefärbt, wirken wie neu und besonders prächtig; sie verschmelzen zu einem Geflecht aus Gold und Grün, das zur tragenden Struktur dieser Girlande wird. Eine außergewöhnlich dekorative Wirkung können Sie durch die Vergoldung getrockneter Zierkürbisse erreichen, die wie mit goldenen Körnchen bestreute Kugeln aussehen. Auch die kleinen Trauben der Ligusterbeeren, die durch den Trocknungsprozeß schwarz werden, entfalten die Eleganz vergoldeter Tropfen, wenn sie mit Gold besprüht werden. Als Gegengewicht zu den vielen metallisch glänzenden Elementen werden viele zartgrüne Büschel frischer Weintrauben hinzugefügt, deren Farbe wie Altgold wirkt. Lockere Büschel aus Zweigspitzen der Weymouthkiefer geben der Komposition eine festliche Note und stufen die Konturen dieser opulenten Girlande anmutig ab.

Das tragende Gerüst für eine Girlande dieser Größe wird aus 15 cm breiten Spanplatten zugeschnitten und dann im rechten Winkel aneinandergefügt. Die Länge beträgt 80 cm für den kurzen und 120 cm für den langen Teil; je nach Raumgröße müssen die Maße eventuell korrigiert werden. Um die Teile besser bearbeiten und transportieren zu können, werden die beiden Platten während der Gestaltung nur aneinandergelegt und erst am Ende miteinander verbunden; außerdem müssen die Haken für die Aufhängung der Girlande vorbereitet werden.

Wenn die Magnolienblätter und die Zweige der Weymouthkiefer gut präpariert sind, halten sie sich auch ohne Wasser lange frisch, daher braucht man keinen nassen Steckschaum. Die Oasisblöcke werden der Länge nach geschnitten, in die Mitte gelegt und mit Hasengitter auf dem Holz festgeklammert. An den Rändern wird die Platte mit Moos bedeckt, das aufgeklebt bzw. mit kleinen Nadeln am Hasengitter befestigt wird.

Fangen Sie mit der Gestaltung dort an, wo die Bretter einen Winkel bilden. Zunächst befestigen Sie grüne und vergoldete Magnolienblätter in verschiedenen Richtungen, um den Eindruck einer strahlenförmigen Anordnung um die Mitte, wo sich die schönsten und dicksten vergoldeten Kürbis- und Magnolienfrüchte befinden, zu vermitteln.

Hier beginnen dann die beiden geradlinigen Abschnitte, wo die Blätter in stets wechselnden Richtungen angeordnet werden, um der Komposition mehr Schwung zu geben. Gegen die beiden Enden nehmen sowohl die Größe als auch die Anzahl der Früchte ab.

Die Weintrauben werden zwischen die Blätter eingesteckt und lockern die Girlande auf.

Grüne Büschel der Weymouthkiefer und vergoldete Ligusterbeeren verleihen dem Ganzen eine gewisse Leichtigkeit und lassen die Endspitzen fein auseinanderlaufen.

Eine sinnvolle Vorarbeit, die zwar Geduld erfordert, aber zu einem besseren Ergebnis führt, besteht darin, jeden Stiel eines natürlichen oder vergoldeten Blattes durch ein an seinen Stengel gebundenes Plastik- oder Holzstäbchen zu verlängern; auch bei den Früchten kann man so verfahren. Bei Kürbissen oder Magnolienfrüchten genügt es, sie aufzuspießen; doch bei den Trauben bindet man sie besser mit Wickeldraht am Mittelstiel fest.

Einen perfekten Einklang mit der Girlande an Türen, Fenstern oder Kaminen erreicht man mit hübschen Tafelaufsätzen auf Tischen oder Regalen. Aus denselben Materialien können Sie kompakte Gestecke binden, die einen glanzvollen Blickfang darstellen und das Wohnzimmer noch festlicher erscheinen lassen.

Befestigen Sie mit Steckschaumklammern einen mit Hasengitter umwickelten Steckschaumblock an der Unterlage, und binden Sie diese mit starkem Klebeband am Kristallaufsatz fest.

Beginnen Sie mit Gruppen von grünen und vergoldeten Blättern, welche die Höhe und die Konturen der Komposition definieren. In die Mitte stecken Sie Früchte mit unterschiedlich kompakten Formen in verschiedenen Tiefen. Auf der rechten Seite hängen zwei Trauben weich über den Tellerrand.

Ein dichtes Büschel Ligusterbeeren wird so über die Trauben gelegt, daß die schweren Formen der Früchte ausgeglichen werden.

Zweige der Weymouthkiefer gleichen das Übergewicht der vergoldeten Massen aus.

Die Dekoration wird ringsum mit sich harmonisch abwechselnden Früchten und Blättern vervollständigt.

Paneel und Kranz in Gold

Dieses mit Nadelbaumzweigen und vergoldetem Material dekorierte Paneel hat eine sehr lange Lebensdauer und kann überall – vertikal oder horizontal – aufgehängt oder flach hingelegt werden. Das Gold der Früchte und das Grün der frischen Zweige wechseln einander ab und werden durch den goldenen Rahmen der Unterlage farblich hervorgehoben. Einen ganz anderen Effekt kann man mit denselben Elementen, aber anderer Form und dem Rot einiger frischer Äpfel und eines Bandes erzielen. Die Grunddekoration mit Nadelbaumzweigen, vergoldeten Früchten und Bändern läßt sich gut schon im voraus anfertigen.

Besorgen Sie sich eine leichte Sperrholzplatte in passender Größe (unser Paneel ist 20 × 110 cm groß).

Befestigen Sie auf dem Holz ein Grundgerüst aus Steckschaumblöcken, die mit Hasengitter dreiseitig bedeckt und festgeklammert werden. Die um das Gerüst frei gebliebenen Flächen des Paneels werden mit einem Lackspray vergoldet.

Schneiden Sie Zweigspitzen von Nadelbäumen wie Thuja oder Zwergzypresse in unterschiedliche Längen von 5 bis 20 cm.

Am oberen Ende formen Sie aus den längsten Zweigen die Spitze. Anschließend stecken Sie die Zweiglein in verschiedenen Längen und Richtungen so in das Grundgerüst, daß es verdeckt wird und das Ganze leicht wirkt. Ab und zu fügen Sie kleine Kamelientriebe ein. Schließen Sie unten mit derselben Spitze wie oben ab.

Vergolden Sie einige getrocknete Früchte: kleine Granatäpfel, Zapfen, Lotuskolben, ein paar Rosen und Oleanderkapseln. Fehlende Stiele werden durch Stäbchen ersetzt.

Stecken Sie jedes Schmuckelement, einzeln oder in Grüppchen verteilt, über das ganze Paneel fest. Wollen Sie es später vertikal aufhängen, wird ganz oben mit einem leichten Goldband eine Schleife gebunden, deren Enden auf einer Seite herunterhängen. Bei horizontaler Aufhängung schließen zwei Schleifen ohne herunterhängende Bänder die beiden Enden ab.

Für den Kranz bereiten Sie einen Ring aus verschiedenen mit Hasengitter umwickelten Steckschaumstücken vor.

Die kleinen Spitzen der Nadelbaumzweige folgen der kreisförmigen Bewegung des Kranzes. Bei der Gestaltung können Sie an einem beliebigen Punkt anfangen; die zarten Zweige werden so übereinandergebunden, daß der Grundkranz kaschiert wird.

Nun werden drei Gruppen von je drei roten Äpfeln mit Hilfe von robusten Plastikstäbchen aufgespießt und mit einigen „Locken" aus vergoldeten Oleanderblättern verziert, um der Komposition mehr Schwung zu geben.

Drei weitere Gruppen vergoldeter Früchte werden zwischen die Apfelgruppen gesteckt.

Bereiten Sie ein zweifarbiges Band vor, indem Sie ein schmales rotes auf ein breites goldenes Band legen.

Die Bänder werden zwischen den Früchten rund um den Ring gewickelt. Um zu vermeiden, daß die Bänder sich teilen, werden sie unter dem Kranz mit einer Büroheftmaschine aneinandergeheftet. Ein Stück U-förmiger Wickeldraht fixiert die Enden des Bandes auf dem Gerüst.

Der hier vorgestellte Kranz liegt auf einer vergoldeten Platte aus festem Karton. Sie können ihn aber auch mit demselben Band aufhängen, wenn Sie vorher überprüft haben, ob die Früchte ordentlich befestigt sind.

Rote Zweige und Amaryllis

Einige Sträucher, wie der weiße Hartriegel, zeigen uns mitten im Winter einen ungewöhnlichen Aspekt ihrer Schönheit: Der nackte Stamm ist reich an eleganten Verästelungen und zeigt eine kräftig rot gefärbte Rinde. Seine glänzenden Äste beleben wie flammende Korallen die winterliche Eintönigkeit des Gartens.

Wir haben ihre warme Farbe ins Haus geholt und daraus zwei sehr unterschiedliche Dekorationen gestaltet, die lediglich durch die Verwendung der wunderschönen rot schimmernden Zweige etwas Gemeinsames haben. Einmal haben wir die noch frischen, biegsamen Zweige zu einem Kranz geflochten, mit einer Gruppe prächtig blühender Amaryllis angereichert und mit Kiefernnadeln umsäumt; zarte Ranken des gefleckten Efeus verbinden diese kräftigen Elemente und lockern das Ganze auf.

Das andere Mal wurden die Zweige wie zu einem großen Strauß zusammengebunden, wobei man ihre schönen Linien frei fließen läßt. Am oberen Ende des Gestecks werden gerade erst aufbrechende Amaryllisknospen in demselben leuchtenden Rot wie die Hartriegelzweige angebracht und von langen Büscheln Kiefernzweigen umgeben. Beide Kompositionen brauchen – unabhängig davon, ob sie aufgehängt oder liegend verwendet werden – einen hellen Hintergrund, um richtig zur Geltung zu kommen.

Rot, Grün und Gold

Für die Festtage lassen sich die klassischen Farben in phantasievollen Variationen und Formen zu immer wieder neuen Gebinden zusammenstellen. Ein Beispiel dafür sind die beiden Kompositionen dieser Doppelseite, die unterschiedlicher nicht sein könnten; was sie trotzdem verbindet, ist die Verwendung der drei Grundfarben, Rot, Grün und Gold, wie auch der gleichen Elemente in beiden Kompositionen: rote Röschen und Weymouthkiefer.

Für diesen klassischen kleinen Kranz wird ein geflochtener Strohring, der im Fachhandel erhältlich ist, ganz mit Goldband umwickelt. Ein Ende des Bandes wird mit dünnem Wickeldraht abgebunden, um zu vermeiden daß es ausfranst. Ein kleines Stück stärkerer Wickeldraht wird zu einem „U" geformt und das präparierte Band an der Unterseite des Strohkranzes damit befestigt.

Dann wird das Band leicht überlappend um den ganzen Strohkranz gewickelt, damit keine Zwischenräume entstehen; am Ende wird es wie am Anfang fixiert.

Ein kleines Steckschaumquadrat wird mit einer Aluminiumfolie umwickelt und wie ein Päckchen mit dünnem Wickeldraht verschnürt; die Enden müssen lang genug bleiben, damit sie am Kranz befestigt werden können. Das Quadrat wird mit Goldspray vergoldet.

Nun werden rote Röschen, kleine Büschel der Weymouthkiefer und vergoldete Efeutriebe in das Oasis eingefügt, um eine im Zentrum kompakte und an den Seiten auslaufende Dekoration zu erhalten. Ihre Arbeit wird sehr erleichtert, wenn Sie vorher die Aluminiumhülle an den gewünschten Stellen mit einem Stäbchen durchbohren.

Ein Kranz kann auch durch voneinander getrennte, kreisförmig angeordnete Elemente gestaltet werden.

Für diese freiere und modernere Dekoration besteht die Unterlage aus einer robusten runden Kartonplatte, die mit Goldpapier beklebt wird.

Ein Bambusrohr wird so in gleich große Stücke zugesägt, daß jeweils unten ein Segmentende den Boden der kleinen Vase bildet.

In jeden Behälter wird ein kleiner Oasiszylinder mit ein wenig Wasser hineingegeben. So werden nicht nur die Blumen mit Wasser versorgt, sondern die Väschen schwerer und standfester.

Die Anordnung der Bambusvasen ist gewollt unregelmäßig, folgt aber der Kreisform.

In die Bambusvasen – aber nicht unbedingt in alle – wird ein zarter Trieb des Hartriegels, ein kleines Büschel der Weymouthkiefer oder eine Blütendolde des Gärtner-Schneeballs *(Viburnum tinus)* hineingesteckt. In einigen Behältern prangt ein kleines Röschen, dessen Farbe mit den kleinen roten Zweigen perfekt harmoniert.

Weihnachtstisch mit Kandelaber

Der klassische Weihnachtstisch ist in Rot und Grün gehalten. Die zarten Ranken des gefleckten Efeus zeichnen sanfte Kurven, die eine fröhliche Girlande am Tischdeckenrand abgeben. Raffinierte blaßrosa Rosenbuketts mit einem Hauch von Rot und Weihnachtssterne, umgeben von den weißen Blütendolden des Gärtner-Schneeballs und zartgrünem Asparagus, betonen die Befestigungspunkte. Ein eleganter Kerzenleuchter vervollständigt dieses prächtige Büfett. Die üppige Blütenpracht in der Mitte ersetzt die mittlere Kerze, und die kleineren Dekorationen am unteren Ende der Kerzen wiederholen dasselbe Motiv. Efeuranken schlingen sich um die Arme des Kandelabers und fallen weich auf die Tischdecke.

Die Blüten und Blätter müssen sorgfältig präpariert werden, um ohne Wasser in der Wärme zu halten.

Um sanfte Kurven zu erzielen, sollten Sie Efeutriebe auswählen, die ganz spontan in die richtige Richtung weisen. An beiden Enden werden sie mit Wickeldraht zusammengebunden und mit Nadeln an der Tischdecke befestigt.

Die kleinen Buketts am Ende der Bogen bestehen aus dem zarten Grün des Asparagus, das die Länge bestimmt, und aus verschieden lang geschnittenen Rosenknospen, die mit kleinen Blütendolden des Gärtner-Schneeballs kombiniert werden. Den Abschluß oben bildet ein Weihnachtsstern.

Wenn Sie die Buketts auf gleiche Länge geschnitten, die Stielenden mit feuchter Watte, Klarsichtfolie und grünem Klebeband umhüllt haben, befestigen Sie sie mit Nadeln an der Tischdecke; Efeublätter kaschieren die Stiele und die Nadeln.

Die größten Buketts an den Tischecken stecken in nassem Oasis. Damit die Tischdecke nicht naß wird, umwickeln Sie den Steckschwamm mit durchsichtiger Folie, dann mit Hasengitter und befestigen ihn mit Klebeband und Nadeln. Stecken Sie zunächst den Asparagus hinein, und folgen Sie dann dem Schema der kleinen Buketts; die weniger voluminösen Blumen werden unten, größere und offenere Blüten weiter oben angeordnet. Den Abschluß bilden Weihnachtssterne und ein Büschel Bärengras.

Für den Kerzenhalter brauchen Sie genau zugeschnittene Steckschaumstücke, weil dafür wenig Platz ist. In der Mitte nimmt ein mit Hasengitter überzogenes Stückchen Steckschwamm den Platz der Kerze ein und wird mit starkem Klebeband fixiert. Am unteren Rand der Kerzen werden Steckschaumringe auf den Rand des Kerzenhalters gelegt, mit Hasengitter bedeckt und mit Draht fixiert.

Die Komposition in der Mitte hat eine runde Form und besteht aus kurzen Efeu- und Schneeballzweigen, die das Gerüst verdecken; darauf werden dann Rosen und Weihnachtssterne mit kurz gehaltenen Stielen verteilt. Ein Büschel Bärengras gibt der ganzen Dekoration Schwung. Efeuranken, kleine Rosen und ein oder zwei Weihnachtssternblätter dekorieren zusammen mit Asparagus die Basis des Kandelabers.